Schweizer Wanderbuch

Tessin

30 Rundwanderungen mit Kartenskizzen
von Arno Hofmann

W0189930

Kümmerly+Frey

Der Gedanke, dass das Wandern in den Ferien und in der Freizeit für den heutigen Menschen im Kampf gegen die Bewegungsarmut und die Umweltschädigungen eine besonders wertvolle Förderung der körperlichen und geistigen Gesunderhaltung bedeutet, ergreift immer weitere Schichten unserer Bevölkerung. Die freie Bewegung in der Landschaft beim Spazieren und Wandern, der Kontakt mit Natur und Kultur bietet dem Menschen das, was ihm durch die einseitige rationalisierte und technisierte Lebensweise genommen wird. Das Wandern lässt unsern Geist wieder mit den Urkräften der Natur in Berührung kommen und stärkt den Körper und das Durchhaltevermögen. ‹Der Weg zur Gesundheit ist ein Fussweg› wurde zu einem modernen Leitgedanken; noch mehr: unsere im täglichen Leben bedrohte Freiheit kann sich beim Wandern wieder in natürlicher Weise entfalten. Die Kinder einer wandernden Familie geniessen deshalb das gemeinsame Erlebnis weg von den Einschränkungen und Zwängen des Alltags – massvolles, angepasstes Wandern vorausgesetzt.

Das Tessin als Sonnenstube der Schweiz bietet in Aufbau und Gestaltung eine so grosse Vielfalt, dass diese Region wohl als eines der bedeutendsten Erholungsgebiete unseres Landes angesprochen werden darf. Von den hochgelegenen Gefilden des Gotthards bis zu den tiefgelegenen milden Gestaden am Langensee bietet sich eine enorme Mannigfaltigkeit der südlichen Landschaft. Arno Hofmann hat es verstanden, in dieser Region in geschickter Weise 30 Rundwanderungen auszuwählen und sie meisterhaft zusammenzustellen. Zu Beginn der Routenbeschreibungen stehen Kurzcharakterisierungen der Wanderung, die Zufahrt zum Ausgangspunkt mit öffentlichen Verkehrsmitteln und mit dem Privatwagen sowie den Parkplatz. In einer einheitlichen Tabelle sind sodann die Orte und Etappen, Höhenzahlen und Marschzeiten für den Hin- und Rückweg angegeben. Der Text bietet Hinweise auf Sehens- und Beachtenswertes in bezug auf Natur, Kultur, Geschichte, Geographie und alles, was den Wanderer zu interessieren vermag. Wir hoffen, damit ein Handbüchlein zu übergeben, das es ermöglicht, in kürzester Zeit einen Wandervorschlag auszusuchen, um alsdann in den Genuss einer unbeschwerten, beschaulichen Wanderung zu gelangen.

◁ **Von den Höhen westlich des Lago Maggiore
blicken wir auf Maggiadelta, Locarneser Becken,
Monte Tamaro und Monte Gambarogno.**

Inhalt

Umschlagbild: Die Kirche von Negrentino oberhalb Acquarossa mit der im ursprünglichen
Zustand erhaltenen Apsis. Farbbild: Dr. O. Beyeler, Oppligen

Bilder:
Dr. O. Beyeler, Oppligen	Seite	31, 39, 48, 64, 86, 92, 101, 105
Ente turistico, Lugano		123
A. Hofmann, Worb		42
M. Niederhauser, Bern		11/12
Schweizerische Verkehrszentrale, Zürich		5, 16, 60, 73
R. Wiederkehr, San Pietro di Stabio		2

© 1977 Kümmerly + Frey, Geographischer Verlag Bern. 4. Auflage 1989
Printed in Switzerland – ISBN 3-259-03185-5   R+W

**Ascona, einst ein ver- ▷
träumtes Fischerdörf-
chen, atmet schon
lange internationale
Luft. Im Einzugsgebiet
von Locarno liegend,
gehört es zu den beleb-
testen Zentren des Tes-
sins.**

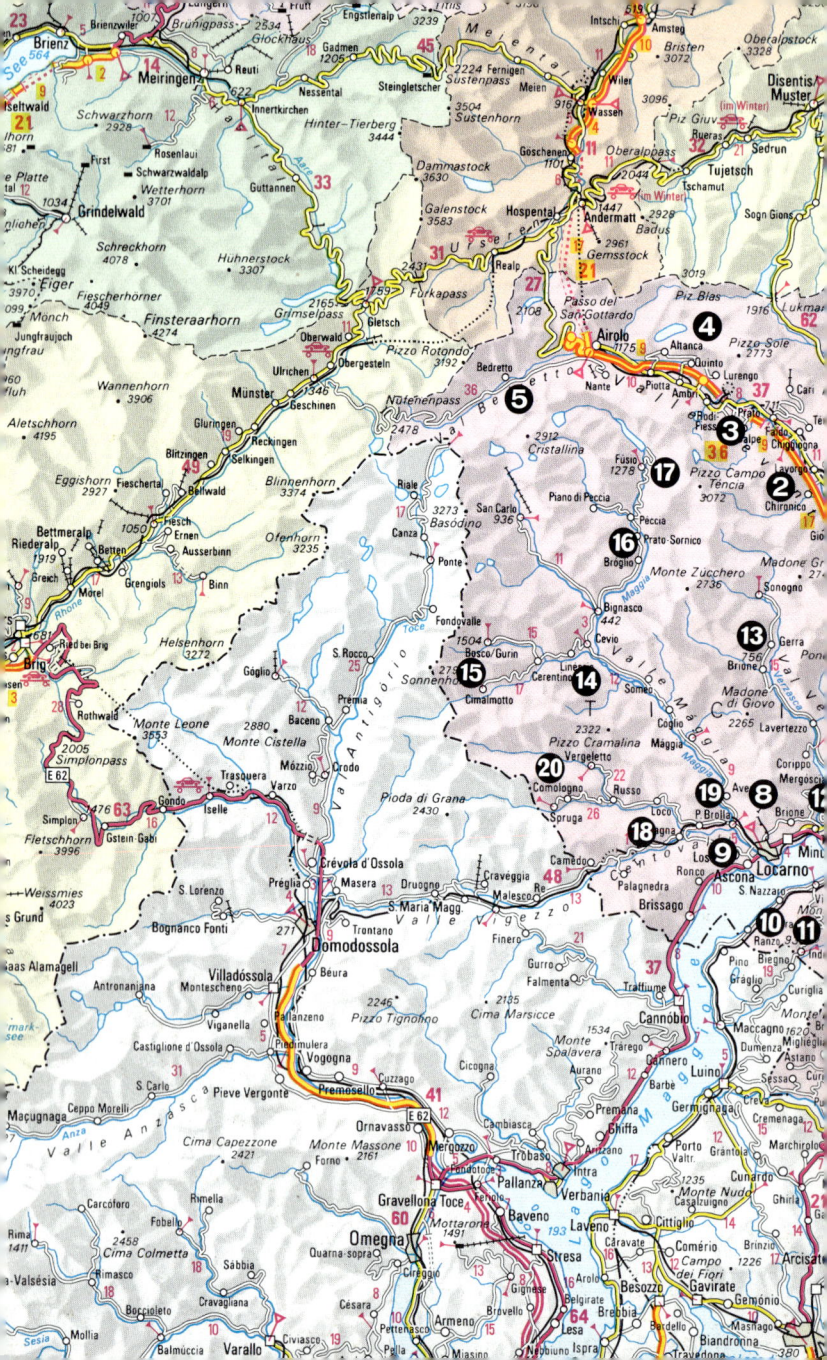

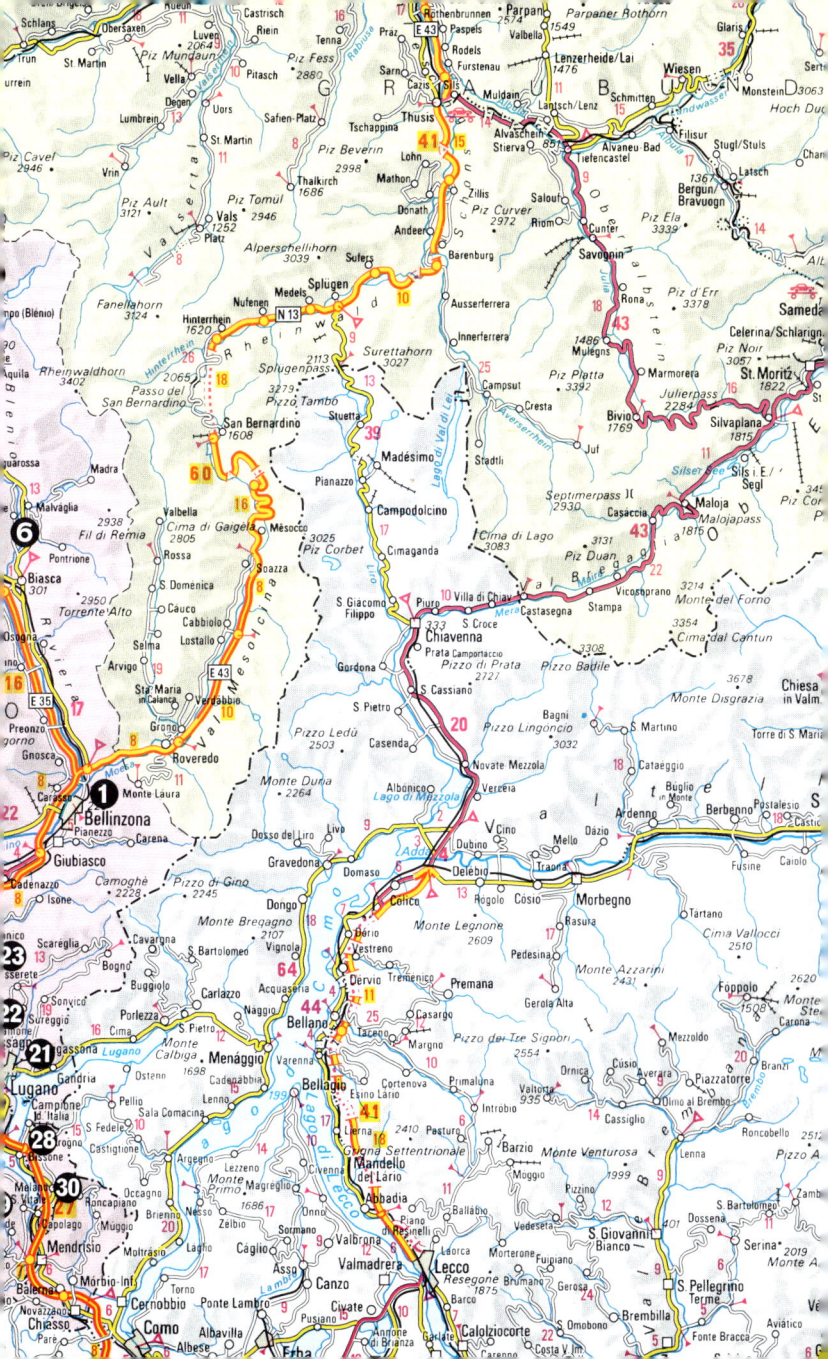

Auf dem Sacro Monte, ▷
dem ‹heiligen Berg›, in
Orselina oberhalb
Locarno, thront die
weithin sichtbare Wall-
fahrtskirche Madonna
del Sasso, deren Entste-
hung auf eine Erschei-
nung Marias auf diesem
Felsen zurückgeht.

Zu Recht wird Bellinzona, Hauptstadt des Tessins seit 1878, als Tor zum Süden, zu Italien, bezeichnet. Denn hier vereinigen sich endgültig die von Norden über die Pässe Gotthard, Lukmanier, San Bernardino herkommenden Wege, um entweder über den Monte Ceneri und Lugano oder über den Lago Maggiore nach Süden auszustrahlen. Im Mittelalter gehörte dazu noch der heute bedeutungslos gewordene Weg durch das Morobbiatal und über den Passo San Jorio zum Comersee.

Seine strategische Schlüsselstelle dokumentiert Bellinzona recht einprägsam durch seine drei Schlösser, die weithin sichtbaren Wahrzeichen der Stadt. Sie entstanden unter mailändischer Herrschaft, das auf felsigem Hügel aufragende Castello Grande und das prächtig erhaltene Castello Montebello schon im 13. Jh., während das weiter oben am Hang gelegene Schloss Sasso Corbaro erst 1479 erbaut wurde. Eine talsperrende Mauer, die Murata, verband die beiden älteren Burgen und erstreckte sich bis zum Tessin. Im alten Stadtkern, zwischen den Anhöhen des Castello Grande und des Castello Montebello, haben die Piazza della Collegiata und die Piazza Nosetto noch etwas von ihrem mittelalterlichen Gepräge bewahrt. Durch ihre monumentale Fassade besticht die 1517 neu erbaute Kollegiatskirche S. Pietro e Stefano (Collegiata), während die 1505 geweihte Franziskanerkirche S. Maria delle Grazie an der Lettnerwand ein grossartiges Renaissancefresko aus dem 15. Jh. (Kalvarienberg und weitere Szenen aus dem Leben Christi) aufweist.

Heute ist Bellinzona, das immer mehr mit Arbedo im Norden und Giubiasco im Süden zu einer städtischen Agglomeration zusammenwächst, vor allem Verwaltungszentrum und Beamtenstadt, unter anderem Sitz der tessinischen Regierung und zahlreicher Amtsstellen.

Wenig bekannt ist das gebirgige Hinterland von Bellinzona. Eine unserer Routen führt in das waldreiche Valle d'Arbedo, in dem sich am 2. Oktober 1928 einer der grössten Bergstürze der neueren Zeit, derjenige vom Motto d'Arbino, ereignete. Ein einsames Seelein, der Laghetto d'Orbello, wurde von den Trümmermassen aufgestaut. Von Touristen wenig besucht wird auch das bei Giubiasco ausmündende Val Morobbia, der Zugang zum Passo San Jorio (Jöris-Berg). Die Bewohner der Dörfer Vellano, Pianezzo, Melera und Carena arbeiten heute zumeist als Tagespendler in Giubiasco oder Bellinzona.

Folgen wir nun dem Tessin in nördlicher Richtung, das heisst flussaufwärts, so führt unsere Reise zunächst durch einen tief in den Alpenkörper eingeschnittenen Korridor, die Riviera. Fast ohne Unterbruch ragen beidseitig die Bergflanken bis über 2000 m hinauf, während der Talboden fast durchwegs 1 bis 1,5 km breit ist. Vor der gegen Ende des letzten Jahrhunderts einsetzenden Melioration wurde er immer wieder überschwemmt und verwüstet, so dass man die Dörfer in leicht erhöhter Randlage, zumeist auf Schwemmkegeln der Seitenbäche, findet. Zahlreich sind an der östlichen Bergwand die Granitbrüche; ein vorzüglicher Baustein wird hier gewonnen, der vielen Talbewohnern ihr Auskommen sichert.

Wir erreichen nun Biasca, Mittelpunkt und von alters her Hauptort der ‹Tre Valli› Riviera, Leventina und Blenio. Diese werden auch ambrosianische Täler genannt, denn sie waren früher dem Domkapitel von Mailand, der Ambrosiana, unterstellt. So steht auch die Mutterkirche der drei Täler, eines der schönsten romanischen Bauwerke des Tessins, in Biasca.

Wenden wir uns zunächst dem Weg zum Gotthard, der Leventina – deutsch Livinental – zu. Der Name geht auf den keltisch-gallischen Volksstamm der Lepontier zurück. Die Untere Leventina, zwischen Biasca und der Talstufe der Biaschina, unterscheidet sich landschaftlich kaum von der Riviera. Von Granitpfosten getragene Weinpergolen verleihen ihr ein südliches Gepräge; als Haustypus herrscht hier noch das steinerne Tessinerhaus vor. Einen starken Kontrast bilden in diesem Talabschnitt die Industrieanlagen der Stahl- und Walzwerke Monteforno bei Bodio und das nur wenige Kilometer weiter talaufwärts liegende, mittelalterlich geprägte Dorf Giornico mit seiner Kirche San Nicolao, einem wahren Kleinod romanischer Baukunst, und den beiden gewölbten Steinbrücken über den Tessin.

Gleich oberhalb Giornico verengt sich das Tal zur Biaschina-Schlucht. Hier hat sich der Fluss seinen Weg durch eine vorgeschichtliche Bergsturzmasse gegraben, die auf rund 600 Millionen Kubikmeter geschätzt wird. Die Gotthardbahn überwindet diese Talstufe mit zwei übereinander angelegten Kehrtunnels. Der Bergsturz hatte den Tessin zu einem See aufgestaut, von dem heute nur noch die Schwemmlandebene hinter Lavorgo zeugt. Wir befinden uns nun in der Mittleren Leventina, einer ausgesprochenen Übergangszone zwischen mittelmeerischem und alpinem Klima. Noch hält sich die Edelkastanie, doch die Vorherrschaft gehört eindeutig dem Nadelwald. Das Tessiner Steinhaus vermischt sich mit dem Gotthardhaus, dessen Küchenteil gemauert ist, während die andern Hausteile aus Holzbalken

gefügt sind. Hier liegt der Hauptort der ganzen Talschaft, Faido, in dem zur Zeit der eidgenössischen Herrschaft der Landvogt residierte.
Schon stellt sich uns der nächste, diesmal durch eine härtere Gesteinsschicht gebildete Talriegel, der Monte Piottino, entgegen. Bis ins 16. Jh. musste die Schlucht vom Saumweg umgangen werden, zuerst über Osco, später über Prato und Dalpe. Erst 1513 eröffneten die Urner einen Weg durch den düsteren Schlund, nicht ohne am oberen Eingang das heute noch stehende Zollhaus ‹Al Dazio Grande› zu errichten. Bei Rodi-Fiesso haben wir die Obere Leventina erreicht, die Landschaft hat nun endgültig alpinen Charakter angenommen. Wir durchmessen die 4 km lange Talebene von Ambri und Piotta. Beide Ortschaften gehören zur Gemeinde Quinto, einem im Mittelalter bedeutenden, heute aber abseits vom grossen Verkehr gelegenen Dorf. In einer hohen, vom Kraftwerk Ritom ausgenützten Stufe mündet von Osten her das Hochtal von Piora ins Haupttal. Nicht weniger als 20 grössere und kleinere Bergseen machen es zu einer der reizvollsten alpinen Landschaften des Tessins.
Den Hängen der Leventina zwischen Airolo und Biasca entlang ziehen sich mehrere Terrassensysteme, Überbleibsel ehemaliger Talböden. Eine solche Geländeform nützt die für den Wanderer geschaffene Strada alta, um durch Wiesen, Wälder und Schluchten die hoch über dem Tessin gelegenen, ihren ursprünglichen Charakter bewahrenden Dörfer zu verbinden.
Wir folgen nun dem Tessin weiter flussaufwärts und betreten hinter der Stalvedro-Schlucht den obersten Talabschnitt, das Val Bedretto. Der Name wird von der Birke (lombardisch: bedra) abgeleitet, die hier stark vertreten ist. Zum Bedrettotal gehört auch Airolo, seit dem Mittelalter ein bedeutender Passort am Fusse des Gotthards, heute auch ein recht beliebter Wintersportplatz. Sowohl Airolo wie die weiter taleinwärts liegenden Dörfchen und Weiler hatten öfters unter Lawinenkatastrophen zu leiden. Als Schutzwehr dienen Mauern, seitliche Dämme, Keilmauern an einzelnen Gebäuden, vor allem aber die Bannwälder und die hoch oben an den Hängen angebrachten Lawinenverbauungen. Der Reichtum des Bedrettotales besteht in seinem ausgedehnten Alpgelände; so werden mehrere Alpen von auswärtigem Vieh, vor allem aus der Leventina, bestossen. Seit im Jahre 1969 die Nufenenstrasse eröffnet wurde, hat sich das einst so abgeschiedene Tal, wenigstens während den Sommermonaten, etwas belebt.
Kehren wir nun nach Biasca zurück und schlagen statt dem Gotthardweg

denjenigen zum Lukmanier ein. Wir betreten das vom Fluss Brenno entwässerte Bleniotal, dessen Nord-Süd-Richtung und relative Breite eine gute Besonnung gewährleisten und ihm den Beinamen ‹Valle del Sole› eingetragen haben. Recht unterschiedlich sind die beiden Talhänge. Der westliche lehnt sich stark zurück, ist landwirtschaftlich intensiv genutzt und trägt ausser den Alpen und Maiensässen einen Gürtel von erhöht gelegenen Dörfern. Dagegen ist die östliche Seite steil, felsig, nur mit wenigen Lichtungen durchsetzt. Sie ist zudem durch kräftig eingeschnittene Nebentäler unterbrochen, wie das Val Soja, das Val Malvaglia und das Val Pontirone. Interessant ist auch der Eingang des Haupttales hinter Biasca. Ein gewaltiger Trümmerkegel, die Buzza di Biasca, erinnert an den Bergsturz von 1512, der den Ort Biasca zerstörte und den Brenno zu einem 4 km langen See aufstaute. Als dieser 14 Monate später auslief, kam es im Tessintal bis zum Langensee zu schweren Verwüstungen.

Wie andere Tessiner Täler, vermochte auch das Bleniotal nie allen seinen Einwohnern ein genügendes Auskommen zu geben. Viele Blenieser mussten auswandern, vor allem Leute aus dem hinteren Tal zogen als Schokolademacher in die Fremde. Später sollte im Tal selber, in Torre, eine Schokoladefabrik entstehen, die aber 1969 stillgelegt werden musste. Nicht mehr in Betrieb ist auch das Thermalbad von Acquarossa, der einstigen Endstation der eingegangenen Bleniotalbahn. Im hintersten grösseren Dorf, Olivone, trennen sich die Wege zum Lukmanier, dem römischen Lucus magnus (= grosser Wald) und zu dem nur zu Fuss begehbaren Greinapass.

Reich ist das Bleniotal an sehenswerten Bauwerken. Erwähnt seien nur die Ruine der mächtigen Burg Serravalle, in der Kaiser Friedrich Barbarossa übernachtet haben soll, die vorzüglich ausgemalte romanische Kirche San Carlo di Negrentino und das ebenfalls reich bemalte Haus der Landvögte in Lottigna.

Unterwegs auf dem   ▷
**rechtsseitigen Höhen-
weg ‹Strada alta› im
Bedrettotal, der von der
Alpe di Pesciüm ober-
halb Airolo bis zur
Corno-Grieshütte führt.**

1 Arbedo–Alpe di Gesero– Monte Laura

Ausgedehnte, abwechslungsreiche Wanderung, die auch als Zweitagestour mit Übernachtung in der Gesero-Hütte der UTOE Bellinzona (Hüttenwart nur im Sommer ständig anwesend) durchgeführt werden kann.

Fahrt mit Autobus   Bellinzona Bf.–Arbedo
Fahrt mit Auto   Bellinzona–Arbedo 3 km
Parkplatz   In Arbedo beim Gemeindehaus (Municipio)

Route	Höhe in m	Hinweg	Rückweg
Arbedo 🚃	264	–	9 Std.
Monti di Cò	1062	2 Std. 15 Min.	7 Std. 20 Min.
Capanna Gesero UTOE	1774	4 Std. 30 Min.	6 Std.
Monte Laura	1376	6 Std. 20 Min.	3 Std. 45 Min.
Arbedo 🚃	264	9 Std.	–

Der unweit von Bellinzona gelegene Ort **Arbedo** ist vor allem durch die Schlacht von 1422 bekannt, in der die Eidgenossen den Mailändern unterlagen (Gedenktafel an der Kirche San Paolo). Dieses auch ‹Chiesa rossa› genannte, kunstgeschichtlich interessante Gotteshaus enthält im Innern ein Abendmahl aus der 2. Hälfte des 15. Jh., das Nicolao da Seregno zugeschrieben wird. Die Fassadenfreske stammt von Antonio da Tradate.
Vom Gemeindehaus (Municipio), wo sich die Bus-Endhaltestelle und ein Parkplatz befinden, begeben wir uns durch das Dorf zum Bachbett der Traversagna, das wir bei der oberen Brücke überschreiten. Beim Wegweiser beginnt der alte Saumweg, der nach dem Waldeintritt in mehreren Kehren rasch an Höhe gewinnt. Zweimal kreuzen wir die geteerte Forststrasse, auf der wir schliesslich weiter ins stark bewaldete Valle di Arbedo eindringen. Nach einem guten halben Kilometer können wir wieder den nun oberhalb der Strasse verlaufenden alten Saumweg benützen. Bei einer Lichtung kreuzen wir nochmals die Strasse und wandern bei der Gabelung vor den beiden Häusern auf dem ebenhin verlaufenden, bald leicht abwärts führenden Weg weiter. Unter uns liegt nun der kleine, vom Wald eingeschlossene *Lago d'Orbello*. Er wurde durch den am 2. Oktober 1928 erfolgten Bergsturz am Motto d'Arbino aufgestaut. Rund 30 Ställe wurden damals zerstört; Men-

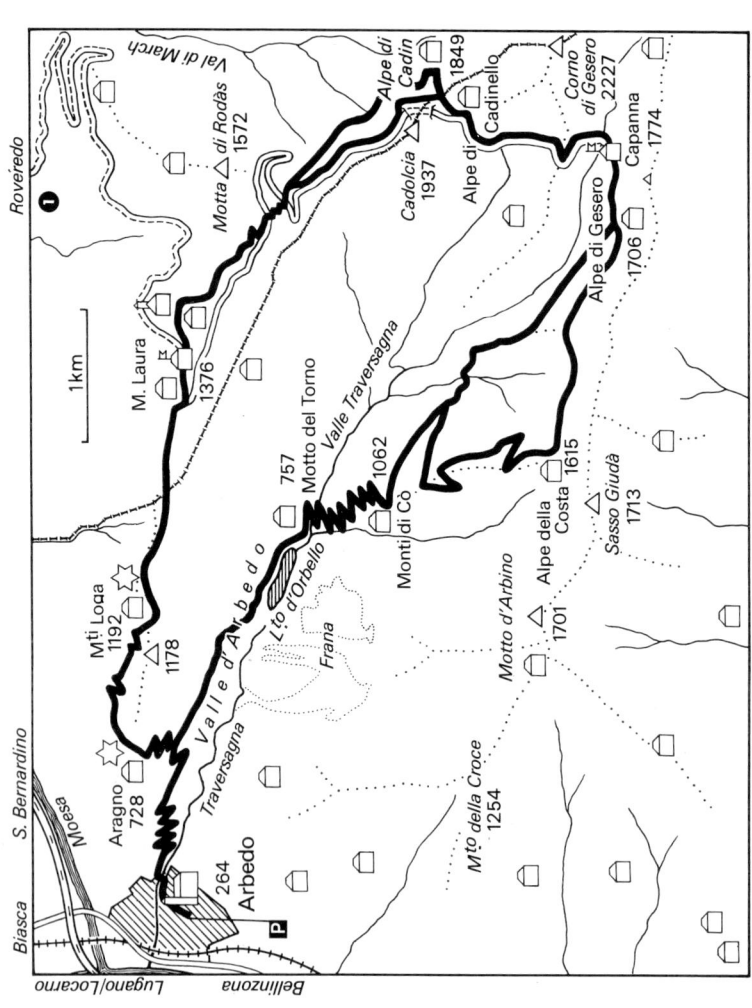

schen und Tiere kamen dank rechtzeitiger Sicherheitsmassnahmen nicht zu
Schaden. Das ausgedehnte Trümmerfeld erkennen wir am gegenüberlie-
genden Talhang. Bei einem Felsband senkt sich der Weg ziemlich stark, um
dann gegen die Forsthütte am *Motto del Torno* wieder leicht anzusteigen.
Nach weiteren 200 m taleinwärts überqueren wir die Traversagna und steigen am jenseitigen Hang in zahlreichen Kehren zu den **Monti di Cò** empor.
Dieses Maiensäss ist durch ein Fahrsträsschen von oben, d. h. von der Alpe
di Gesero her, erschlossen. Bei einer Kurve mit einem Brunnen treffen wir
erstmals auf dieses Strässchen, schwenken aber gleich in den links abzweigenden Fussweg ein, der an den obersten Hütten vorbei zum Waldrand aufsteigt. Von hier aus benützen wir das geteerte Strässchen bis zur Spitzkehre
bei Pt. 1206. Dort schlagen wir den links abzweigenden Weg ein. Wir queren
einige kleinere Bachrunsen und biegen kurz nach dem Überschreiten des
Baches im markanten Valle dell'Erba, bei einer Weggabelung, bergwärts ab
(Markierung beachten!). Der Aufstieg über die bewaldete Bergrippe Er del
Gesero erfolgt auf einem z.T. etwas undeutlichen, aber gut markierten Weglein. Auf 1520 m Höhe wendet es sich nach links dem Hang über dem Valle
della Pira zu und tritt bald auf die Weiden der *Alpe di Gesero* hinaus. Ein
geteertes Strässchen führt uns in leichtem Anstieg zur **Capanna Gesero**
der UTOE, Sektion Bellinzona.
Auf dem Strässchen queren wir nun die Westhänge des Corno di Gesero
(Blick durch den Trichter des Valle di Arbedo auf den Lago d'Orbello). Nach
der *Alpe di Cadinello* erreichen wir den 250 m langen Cadolcia-Tunnel. Der
geteerten Strasse nach den Monti di Laura ist folgende Route vorzuziehen:
Man steigt vom Tunneleingang rechts aufwärts zum Sättelchen Pt. 1849
hinauf. Ein Weglein führt auf der Bündner Seite steil zur *Alpe di Cadin* hinunter. Nun biegt man links auf einen den Hang querenden Weg ab. Er betritt
bald den Wald, führt lange ohne grösseren Höhenunterschied in gleicher
Richtung weiter und senkt sich dann, zweimal die Strasse kreuzend (beim
zweiten Mal das Weglein links benützen), zum **Monte Laura** hinab. Von diesem ehemaligen Maiensäss, das sich zu einem Feriendorf entwickelt hat,
geniessen wir einen schönen Blick auf das Misox.
Vom Albergo Laura aus folgen wir der Strasse aufwärts bis zur Linkskurve,
wo ein angenehmer Fahrweg abzweigt. Wir benützen ihn bis zu einer markanten Linkskehre und wandern auf einem reizvollen Fussweg geradeaus
weiter. Er überschreitet bald die Kantonsgrenze und senkt sich schliesslich

zu den *Monti Loga*. Der Blick weitet sich nun vor allem gegen die Magadinoebene. Wir steigen zum Sattel östlich des Bergkopfes Pt. 1178 hinab.
Die Fortsetzung des Abstieges ist rechts, auf der Seite des Misox, zu suchen.
Durch den steilen, bewaldeten Hang windet sich unser Weg in zahlreichen
Kehren abwärts. Bei der Weggabelung (Abzweigung nach Lumino) halten
wir links. Wir erreichen die Lichtung von *Aragno*, wo unsere Route allmählich wieder ins Valle di Arbedo einbiegt. Die Markierung leitet uns bald
rechts abwärts. Beim Betreten der Forststrasse stossen wir auf unseren Auf-
stiegsweg, auf dem wir nach **Arbedo** zurückkehren.

2   Chironico–Cala–Ces

Wanderung zu den hochgelegenen ehemaligen Fraktionen der Gemeinde
Chironico, die am Sonnenhang des gleichnamigen, landschaftlich reizvollen
Tales liegen.

Fahrt mit Bahn	Nach Lavorgo (Bahn)
und Postauto	Lavorgo–Chironico (Postauto)
Fahrt mit Auto	Bellinzona–Biasca–Giornico–Chironico 38 km,
	Airolo–Faido–Lavorgo–Chironico 29 km
Parkplätze	In Chironico vor der Brücke über den Fim (beim
	Waschhaus) oder gegenüber der Torre Pedrini

Route	Höhe in m	Hinweg	Rückweg
Chironico 🚌	785	–	4 Std. 30 Min.
Cala	1467	2 Std. 15 Min.	3 Std.
Ces	1446	3 Std. 20 Min.	1 Std. 55 Min.
Chironico 🚌	785	4 Std. 30 Min.	–

Chironico liegt abseits des heutigen Gotthardverkehrs auf einer Terrasse,
die durch die Trümmermassen eines vorgeschichtlichen Bergsturzes gebildet wurde. Durch das stattliche Dorf, in dem einige Holzhäuser mit offenem
Dachstuhl auffallen, führte der alte, die Biaschinaschlucht umgehende
Gotthardsaumweg. Dass der fünfstöckige Turm der Pedrini 544 zum Schutz

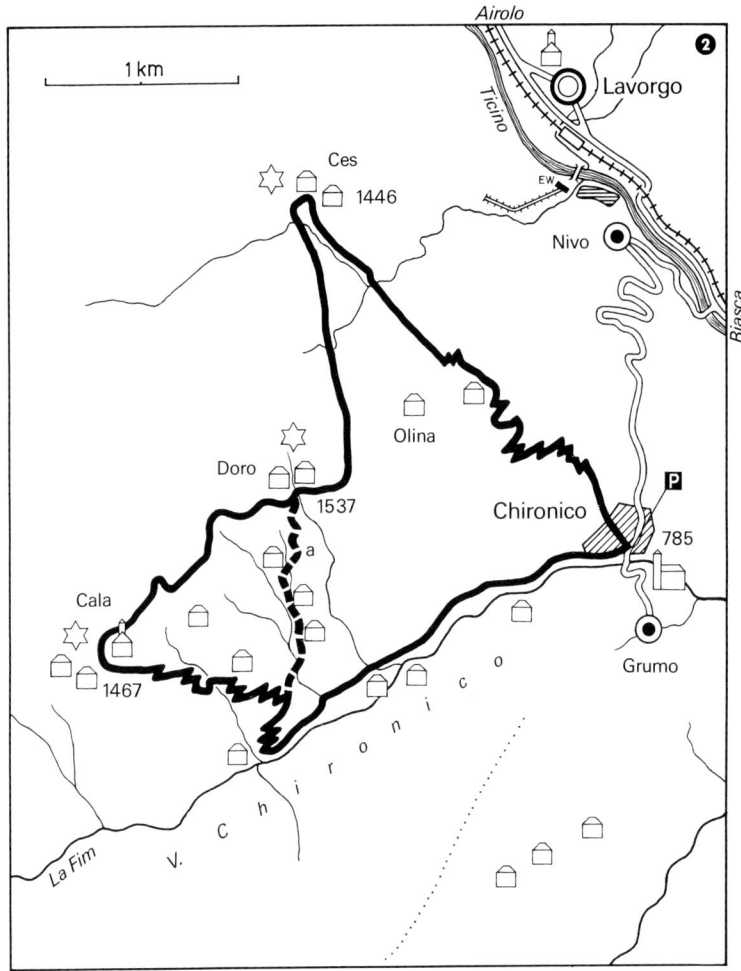

gegen die Streifzüge des Gotenkönigs Totila errichtet worden sein soll, wie eine alte Chronik behauptet, ist unwahrscheinlich. Der Bauart nach dürfte der Wohnturm eher aus dem 14. Jh. stammen. Die Kirche Sant'Ambrogio enthält einen Freskenzyklus, 14. Jh.

Vor der Brücke über den Fim wählen wir das Strässchen, das zuerst ebenhin, dann allmählich ansteigend in das Valle di Chironico hineinführt.

Vor einer Hütte zweigen wir rechts ab (Wegweiser). Der in bequemen Kehren angelegte, oft kunstvoll untermauerte Saumweg (von dem bei der
Kapelle Madonna da Lourdes der direkte Weg nach Doro abzweigt) tritt
nach Überwindung einer felsigen Stufe auf die Wiesenhänge der Maiensässe hinaus. An einigen Hüttengruppen vorbei halten wir nach links über
den Bach. Bald taucht über uns die Alpsiedlung **Cala** auf, von terrassierten
Hängen umgeben, auf denen früher noch Roggen und Gerste angepflanzt
wurde. Die Hütten scharen sich eng um das Kirchlein des hl. Bernhard. Es
stammt aus dem Jahre 1570 und weist nebst älteren Fresken eine Kreuzigung von Calgari aus dem 18. Jh. auf.
Wir verlassen das Dörfchen in östlicher Richtung auf dem höheren der beiden talauswärts führenden, schmalen Weglein. Dieses steigt noch etwas an
und leitet in ausserordentlich schöner Querung zum Dörfchen *Doro*
(1537 m) hinüber. Das Kirchlein dieser von den Einheimischen längst verlassenen, aber von Idealisten zu neuem Leben erweckten Degagna (Fraktion)
der Gemeinde Chironico wurde 1647 erbaut. Beeindruckend ist von hier aus
der Tiefblick auf den Talboden der unteren Leventina.
Wir durchqueren die Siedlung und wandern oberhalb zweier einzelstehen-
der Hütten hindurch. Auf Pfadspuren halten wir zu einem markanten, auch
durch ein Stützmäuerchen erkennbaren Durchstieg empor. Wieder folgt
eine herrliche Wegpartie, links vom Lärchenwald begrenzt, rechts durch
eine Mauer gegen den steil und felsig abbrechenden Hang gesichert. Darunter erblicken wir kurz das Dörfchen Olina, ebenfalls eine alte Degagna von
Chironico. Nun beginnt unsere Route allmählich abzusteigen, wobei die
Pfadspur im Sumpfgelände und zwischen lichtem Baumbestand zeitweise
recht undeutlich wird (Markierung beachten!). Nach der Überquerung einer
Bachrunse erreichen wir das auf einer Terrasse über dem Tessintal gelegene
Maiensäss **Ces**. Auch hier weist das Kirchlein (1647) einige Fresken auf.
Am südlichen Ende des Dörfchens beginnt der nach Chironico absteigende
Saumweg. Er verläuft zuerst am Rande des steil abbrechenden Bachtobels,
überquert später den Bach und senkt sich als schmaler, aber gut ausgetrete-
ner Pfad durch das Wiesengelände. Schliesslich windet er sich in zahlrei-
chen Kehren durch den bewaldeten Hang nach Chironico hinab.

Abkürzung   a) Cappella Madonna da Lourdes–Gei–Graslic–
                                     Doro 1 Std. 30 Min.

3   Rodi-Fiesso–Lago Tremorgio– Venett–Prato

Landschaftlich reizvolle Bergtour an der rechtsseitigen Talflanke der Leventina zu einem der eindrucksvollsten Tessiner Bergseen und über einen leichten Passübergang. Die Luftseilbahn Rodi–Tremorgio der AET/Centrale Tremorgio in Rodi kann benützt werden (Fahrplan und Bedingungen am Ort).

Fahrt mit Bahn	Nach Rodi-Fiesso
Fahrt mit Auto	Bellinzona–Biasca–Rodi-Fiesso 46 km, Airolo–Rodi-Fiesso 13 km
Parkplatz	In Rodi an der Gotthardstrasse auf der Höhe der Casa estiva van Mentlen

Route	Höhe in m	Hinweg	Rückweg
Rodi-Fiesso 🚶 🚌 🚠	952	–	6 Std. 50 Min.
Lago Tremorgio 🚠	1830	2 Std. 45 Min.	5 Std.
Venett	2138	3 Std. 40 Min.	4 Std. 20 Min.
Prato 🚌	1043	6 Std. 20 Min.	40 Min.
Rodi-Fiesso 🚶 🚌 🚠	952	6 Std. 50 Min.	–

Beim Kraftwerk in **Rodi** verlassen wir die Gotthardstrasse. Ein Strässchen führt uns zum südlichen Ende des Dorfes **Fiesso,** das wie Rodi zur Gemeinde Prato gehört. Die 1832 erbaute Kapelle S. Defendente besteht aus einem gewölbten Längsbau und einer südlichen Seitenkapelle. Beim Brunnen hält der breite Saumweg zwischen zwei Mauern rechts aufwärts. Gemäss Markierung wird nach Betreten des Waldes die Abkürzung links aufwärts benützt. Der Weg führt nun durch einen Waldabschnitt empor, der im schneereichen Frühjahr 1975 durch eine Lawine stark verwüstet wurde. Die Lichtung bei den *Cassin di Venn* bietet uns einen schönen Ausblick über das Tessintal. Der Weg windet sich weiter durch schattigen Wald hinauf, führt unter der Druckleitung durch, passiert den durch den natürlichen Seeabfluss gebildeten Einschnitt und erreicht den **Lago Tremorgio.** Der in einem grossartigen, fast kreisrunden Felskessel eingebettete Bergsee verdankt möglicherweise seine Entstehung und beträchtliche Tiefe von

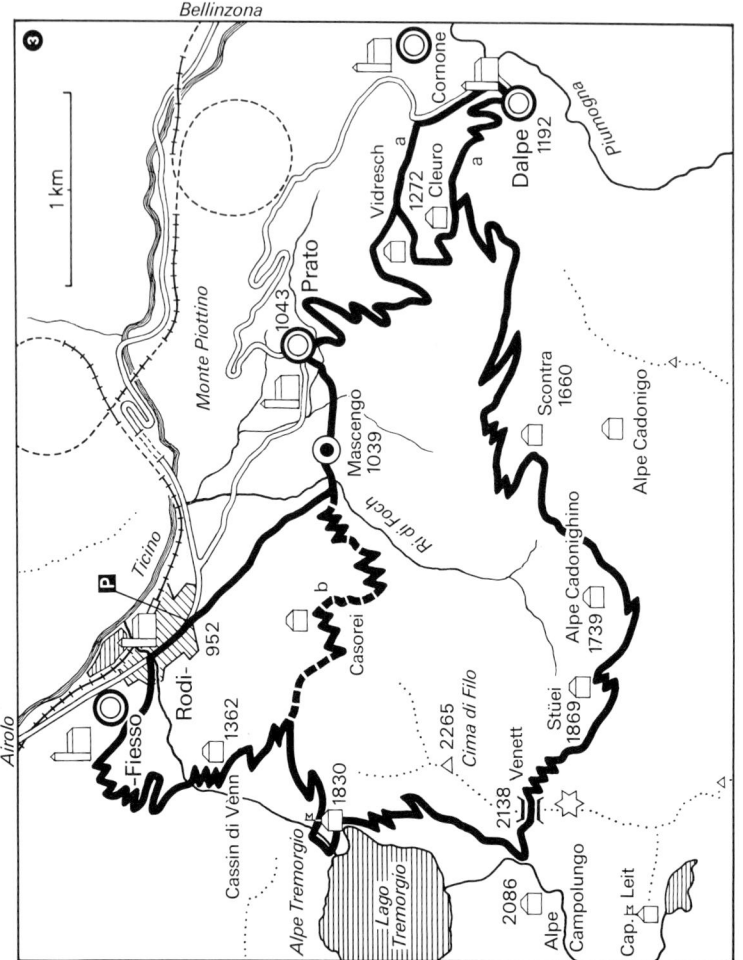

60 m der starken chemischen Erosion im anstehenden Dolomit- und Gips-
gestein. Allerdings wies in jüngerer Zeit ein Wissenschaftler auch auf die
Möglichkeit hin, dass die kraterförmige Vertiefung auf einen Meteorein-
schlag zurückgehen könnte. Nach Lavizzari stammt der Name vom mund-
artlichen ‹tramoggio› (Trichter) und weist auf die Form des Beckens hin.
Heute wird der Lago Tremorgio als Speicherbecken benützt und ein Teil seines Wassergehaltes wird dem Kraftwerk in Rodi zugeführt.

Beim Seeabfluss halten wir gleich links zum Ristorante Tremorgio. Der Weg zieht sich nun der östlichen Wand des Trichters entlang aufwärts und erklimmt die Talstufe der *Alpe di Campolungo*. Der flache, in der Mitte noch morastige Alpboden weist auf ein früheres Seebecken hin. Eindrücklich erhebt sich nun vor uns die dunkle kantige Felspyramide des Pizzo del Prévat, rechts davon leitet der Campolungopass ins obere Maggiatal.

Vor dem Brücklein über den Hauptbach zweigen wir links von der Campolungoroute ab und halten zu dem durch die weissen Gipsfelsen und die Hochspannungsleitung gekennzeichneten Passübergang **Venett** empor. Ein schöner Ausblick öffnet sich auf die linksseitige Bergkette der Leventina und auf die Adula-Gruppe. Der Abstieg auf der Ostseite beginnt in gut ausgeprägten Kehren. Bei der Alphütte Stüei geht die Route in einen breiten Alpweg über. Die Alpe Cadonighino lassen wir links liegen. Gleich nach der folgenden Runse wenden wir uns der links abzweigenden Abkürzung zu. Durch schöne Lärchenbestände steigen wir zur Lichtung *Scontra* hinab, wo uns das von der Alpe Cadonigo herkommende Alpsträsschen aufnimmt. Dieses senkt sich in weiten Kehren durch den Wald. Bei der Gabelung kurz vor dem Waldausgang halten wir links abwärts zu den Hütten von *Cleuro* und setzen unseren Abstieg auf dem Strässchen nach *Vidresc* fort. Von hier aus windet sich ein breiter Feldweg in weitausholenden Kehren nach **Prato** hinab.

Zur Zeit des älteren, die Piottinoschlucht umgehenden Gotthard-Saumweges war dieses Dorf eine wichtige Suststation und Sitz einer Säumerkorporation. Die 1210 erstmals erwähnte Pfarrkirche St. Georg, deren romanischer Campanile zu den markantesten des Tessins gehört, enthält in der Muttergotteskapelle Stukkaturen aus dem 16. Jh. und neben der St.-Karls-Kapelle Fragmente eines ‹Jüngsten Gerichtes›.

Auf geteertem Strässchen begeben wir uns ebenhin nach *Mascengo* hinüber, durchqueren das Dörfchen, halten zwischen zwei Trockenmauern – an einer rötlichen Kapelle vorbei – zum Wald hinauf. Hier überschreiten wir den Ri di Foch und steigen nach Rodi hinab.

Nebenroute	a) Cleuro–Dalpe–Vidresc 30 Min.
Abkürzung	b) Lago Tremorgio–Casorei–Mascengo–Rodi-Fiesso 2 Std.

4   Piora–Lago Ritom–Capanna Cadlimo–Passo dell'Uomo

Einzigartige Bergwanderung an zahlreichen grösseren und kleineren Seen vorbei. Es empfiehlt sich, die Wanderung als Zweitagestour mit Übernachtung in der Cadlimohütte durchzuführen.

Fahrt mit Bahn, Postauto und Drahtseilbahn Nach Ambri-Piotta (Bahn), Ambri-Piotta–Zentrale Piotta (Postauto), Zentrale Piotta–Piora (Drahtseilbahn)

Fahrt mit Auto   Bellinzona–Biasca–Ambri-Piotta 52 km
                        Airolo–Ambri-Piotta 7 km

Parkplatz   Bei der Zentrale Piotta (Talstation der Drahtseilbahn)

Route	Höhe in m	Hinweg	Rückweg
Piora (Bergstation) 🚡	1793	–	7 Std. 30 Min.
Ritom Staudamm	1852	30 Min.	7 Std. 10 Min.
Capanna Cadlimo	2570	3 Std.	5 Std. 10 Min.
Passo dell'Uomo	2218	5 Std.	2 Std. 50 Min.
Capanna Cadagno	1986	6 Std.	1 Std. 30 Min.
Piora (Bergstation) 🚡	1793	7 Std. 20 Min.	–

Von der Bergstation **Piora** aus folgen wir dem Strässchen und bekommen bald die schäumenden Piorafälle und die Staumauer des **Lago Ritom** zu Gesicht. Nach einer knappen halben Stunde blicken wir auf die sich über 1,4 km² ausdehnende Fläche des Stausees. Er ist etwa doppelt so gross wie der einstige natürliche See. Das 1920 in Betrieb genommene Kraftwerk Ritom wurde in neuerer Zeit durch Stollensysteme bis jenseits des Gotthardmassivs erweitert. Es liefert vor allem im Winter den Strom für die Gotthardbahn. Die *Alpe Piora,* die grösste und schönste Alp der Leventina, umfasst 25 km² und kann im Sommer etwa 500 Stück Grossvieh aufnehmen. Wir benützen die Uferstrasse bis unmittelbar vor der Mündung des Stollens, der das Wasser aus dem Val Canaria dem Ritomsee zuführt. Hier zweigt links aufwärts der breite Fahrweg zur Alpe Tom ab. Wenn wir dessen letzte, weitausholende Rechtskehre vermeiden und die Abkürzung benützen,

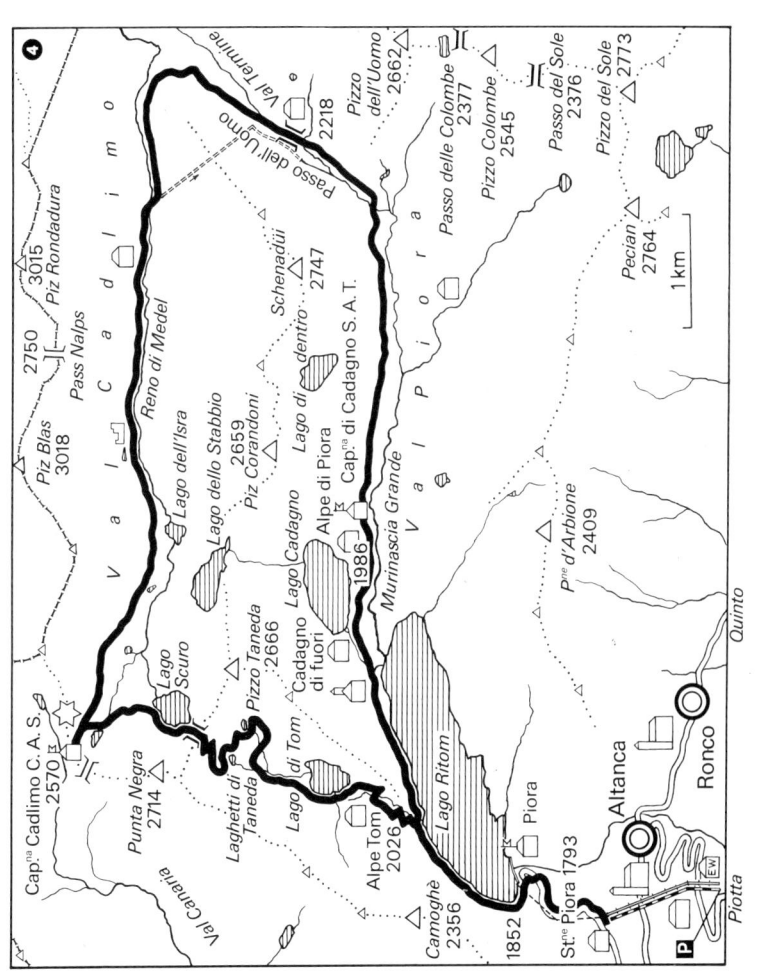

kommen wir am unterirdischen Abfluss des *Lago di Tom* vorbei, an dessen Ufer wir bald stehen.

Im Raum Val Piora–Val Cadlimo liegen nicht weniger als 12 grössere und kleinere Bergseen. Sie verleihen dieser Landschaft ihren besonderen Reiz, und wir werden auf unserer Rundtour einen grossen Teil von ihnen besuchen. Durch den geringen Erosionswiderstand des Dolomitgesteins dieser Zone entstanden zahlreiche Wannen, die sich mit Wasser füllten. Bei den Fischern sind diese Bergseen ihres Forellenreichtums wegen sehr beliebt. Wir folgen dem Westufer des Lago di Tom und dringen in den Buco di Tom genannten Talkessel ein. Nun zieht sich der Weg rechts aufwärts zu einer markanten Geländeterrasse, auf der die kleinen *Laghetti di Taneda* liegen. Der Weg windet sich in einigen Kehren am Hang unter der Punta Negra empor und führt dann nach rechts zu einer Passsenke, der *Bassa del Lago Scuro.* Dem Westufer des Lago Scuro entlang und über die oft bis weit in den Sommer hinein mit Schnee gefüllten Mulden des obersten Val Cadlimo leitet uns eine Stangenmarkierung zur **Capanna Cadlimo** des SAC. Der Einschnitt des Val Canaria gibt uns den Ausblick auf die Berge des Bedrettotales, auf Basodino und Blinnenhorn frei.

Der durch das Val Cadlimo absteigende Weg, im oberen Teil ebenfalls durch Stangen markiert, zieht sich dem linksseitigen Hang entlang. Durch einen Einschnitt erblicken wir den Lago dello Stabbio und wandern kurz darauf über dem Lago dell'Isra durch. Nach der Schäferhütte *Stabbio Nuovo,* in deren Umgebung im Sommer an die 1500 Schafe weiden, erreichen wir eine Wasserfassung. Von hier aus wird das Wasser des Cadlimobaches durch einen Stollen der Murinascia und somit dem Ritomsee zugeführt. Unmittelbar danach wechseln wir auf einem Brücklein auf die rechte Talseite hinüber. Mit Blick auf Lukmanierstrasse und Stausee Sta Maria umrunden wir den von der Costa di Schenadüi abfallenden Rücken, biegen ins Val Termine ein und gelangen auf die Passhöhe des **Passo dell'Uomo.**

Unsere Route biegt bald in die weite Talmulde des Val Piora ein, in dessen Hintergrund die bizarre Dolomitfelsgestalt des Pizzo Colombe die Blicke auf sich zieht. Dem rechtsseitigen Talhang entlang, hoch über der sich ins weiche Kreidegestein eingrabenden Murinascia, führt unser Weg zur *Capanna di Cadagno* der SAT. Nun folgen wir dem Fahrsträsschen, das uns am Lago Cadagno vorbei und dem Lago Ritom entlang zu unserem Ausgangspunkt Piora zurückbringt.

5   Villa–Alpe Stabiello–Alpe di Valleggia

Landschaftlich überaus schöne Wanderung zu den Alpen am Südhang des Bedrettotales, teilweise dem Bedretto-Höhenweg folgend.

Fahrt mit Bahn und Postauto	Nach Airolo (Bahn), Airolo–Villa (PTT)
Fahrt mit Auto	Bellinzona–Biasca–Airolo–Villa 64 km
	Airolo–Villa 8 km
Parkplatz	Unterhalb Villa an der Nufenenstrasse

Route	Höhe in m	Hinweg	Rückweg
Villa 🚃	1362	–	3 Std. 50 Min.
Stabiello grande	1821	1 Std. 30 Min.	2 Std. 45 Min.
Alpe di Valleggia	1760	2 Std. 20 Min.	1 Std. 50 Min.
Ponte Gana	1472	3 Std.	50 Min.
Villa 🚃	1362	3 Std. 45 Min.	–

Villa liegt auf einer durch den Tessin in den Schuttkegel der linken Talseite geschnittenen Terrasse. Wie alle Dörfer des Bedrettotales wurde es öfters durch Lawinenniedergänge heimgesucht, besonders verheerend in den Jahren 1594, 1634 und 1792. An die ständige Bedrohung erinnert der keilförmige Lawinenbrecher am vermutlich spätmittelalterlichen Kirchturm. Von der Postauto-Haltestelle in Villa steigen wir auf einem Fussweg zur Nufenenstrasse hinab. Hier beginnt an der jenseitigen Talflanke ein weissrot markierter Fussweg, der sich talauswärts dem Hang entlang emporzieht. Nach den Hütten von Piei folgen herrliche Waldpartien, worauf wir in der Talmulde des Ri di Cristallina auf ein Gütersträsschen stossen. Wir wählen zwischen der Abkürzung zur Alpe di Cristallina und dem bequemen, in weiten Kehren aufsteigenden Natursträsschen. Dieses gabelt sich 300 m vor dem Gebäude der Alpe di Cristallina. Wir halten rechts aufwärts, biegen um eine Bergrippe und gelangen zur Alpe **Stabiello grande.** Sie vermittelt uns eine umfassende Aussicht auf die das Bedrettotal nördlich begrenzende Gipfelfolge Chüebodenhorn–Pizzo Rotondo–Pizzo Pesciora–Pizzo Lucendro. Die Alpen des Bedrettotales sind so ausgedehnt, dass sie auswärtiges Vieh, namentlich aus der Leventina, aufnehmen können. So gehört z. B. die

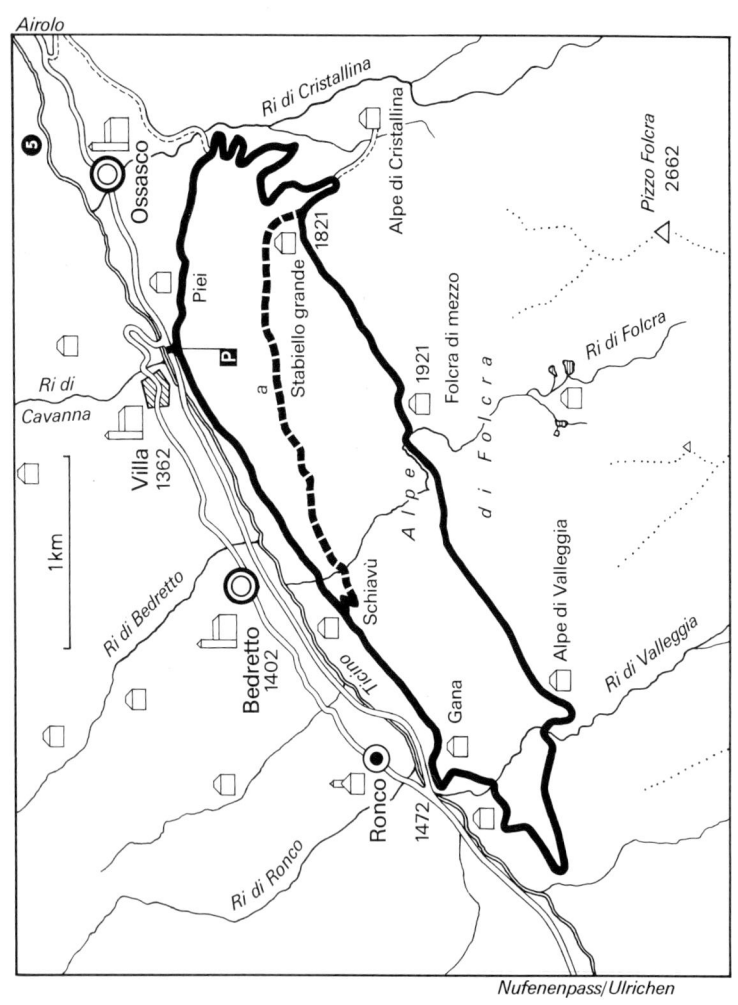

Airolo

Ri di Cristallina

Alpe di Cristallina

Pizzo Folcra
2662

Ossasco

1821

Piei

Stabiello grande

Folcra di mezzo

1921

Ri di Folcra

a

Ri di
Cavanna

Alpe
di
Folcra

P

Villa
1362

1km

Ri di Bedretto

Schiavù

Alpe di Valleggia

Ri di Valleggia

Bedretto
1402

Ticino

Gana

Ronco
1472

Ri di Ronco

Nufenenpass/Ulrichen

Ritomsee (Route 4).

Alpe Stabiello dem Patriziat von Cavagnago. Wir befinden uns nun auf dem 1975 eröffneten, gut markierten Bedretto-Höhenweg Pesciüm–Ronco. Er verläuft hier auf einer Geländeterrasse, die als Rest eines alten Talbodens die Alpen des Bedrettotales trägt. Vor der weiten Mulde der Alp *Folcra di mezzo,* dem höchsten Punkt unserer Wanderung (1921 m), öffnet sich der Blick nach Westen auf Cornopass, Blinnenhorn und Nufenenstrasse. Ein Alpfahrweg senkt sich nun gleichmässig zur **Alpe di Valleggia,** die dem Patriziat von Chiggiogna gehört. Im weiteren Abstieg holt er zu einer weiten Kehre taleinwärts aus und erreicht den Talboden bei *Ponte Gana,* unweit des höchstgelegenen Bedrettodorfes Ronco. Wegen der Zerstörung der Brücke über den Ri di Valleggia mündet der umgeleitete Wanderweg zur Zeit etwas weiter talaufwärts in die Nufenenstrasse.

Nun folgen wir der Nufenenstrasse etwa 200 m talauswärts und schlagen das rechts durch die Böschung ansteigende Weglein ein. Es führt uns am rechtsseitigen Talhang gegenüber den Dörfern Ronco und Bedretto in reizvoller Wanderung nach Villa zurück.

Abkürzung   a) Stabiello grande–Schiavù–Villa 1 Std. 15 Min.

Bellinzona, Valle Leventina, Val Blenio

6   Semione–Navone–Ludiano– Ruine Serravalle

Kurze, geschichtlich und kunstgeschichtlich überaus interessante Rundwanderung im unteren Bleniotal.

Fahrt mit Bahn und Autobus	Nach Biasca (B), Biasca–Semione (A)	
Fahrt mit Auto	Bellinzona–Biasca–Semione 25 km, Airolo–Biasca–Semione 43 km	
Parkplätze	In Semione an der Hauptstrasse gegenüber der Kirche und beim Gemeindehaus	

Route	Höhe in m	Hinweg	Rückweg
Semione 🚍	399	–	2 Std. 15 Min.
Navone	770	1 Std. 10 Min.	1 Std. 30 Min.
Ludiano 🚍	462	1 Std. 45 Min.	35 Min.
Ruine Serravalle	400	2 Std.	15 Min.
Semione 🚍	399	2 Std. 15 Min.	–

Semione liegt etwas abseits vom grossen Verkehr am rechtsseitigen Hangfuss des Bleniotales. Die Pfarrkirche S. Maria Assunta wurde 1731–1736 neu erbaut. Von der Vorgängerkirche stammt der vermutlich ins 11. Jh. zurückgehende Turm. An der westlichen Sockelpartie sind Reste von spätgotischen Fresken sichtbar. Das Beinhaus an der Westseite der Kirche weist Malereien eines der Meister von Seregno (15. Jh.) auf. Das Mineralogische Museum enthält eine äusserst reichhaltige, durch den Solothurner Paul Frei der Gemeinde Semione vermachte Sammlung von Versteinerungen.
Gegenüber der Pfarrkirche wählen wir das ansteigende Gässchen und kreuzen beim 1606 erbauten Kirchlein San Carlo erstmals ein Strässchen (Wegweiser).
Bei der ersten Gabelung oberhalb des Wegweisers halten wir links und kreuzen im weiteren Aufstieg noch zweimal das Strässchen. Bei der ersten Kreuzung des Strässchens finden wir die Fortsetzung des Weges rechts von der neueren Villa, bei der Garage (einige Stufen). Nach der zweiten Kreuzung gelangen wir gleich zu einer Hüttengruppe am Waldrand. Bei einem Brunnen (zur Zeit nicht in Betrieb) wählen wir das ebenhin nach rechts ver-

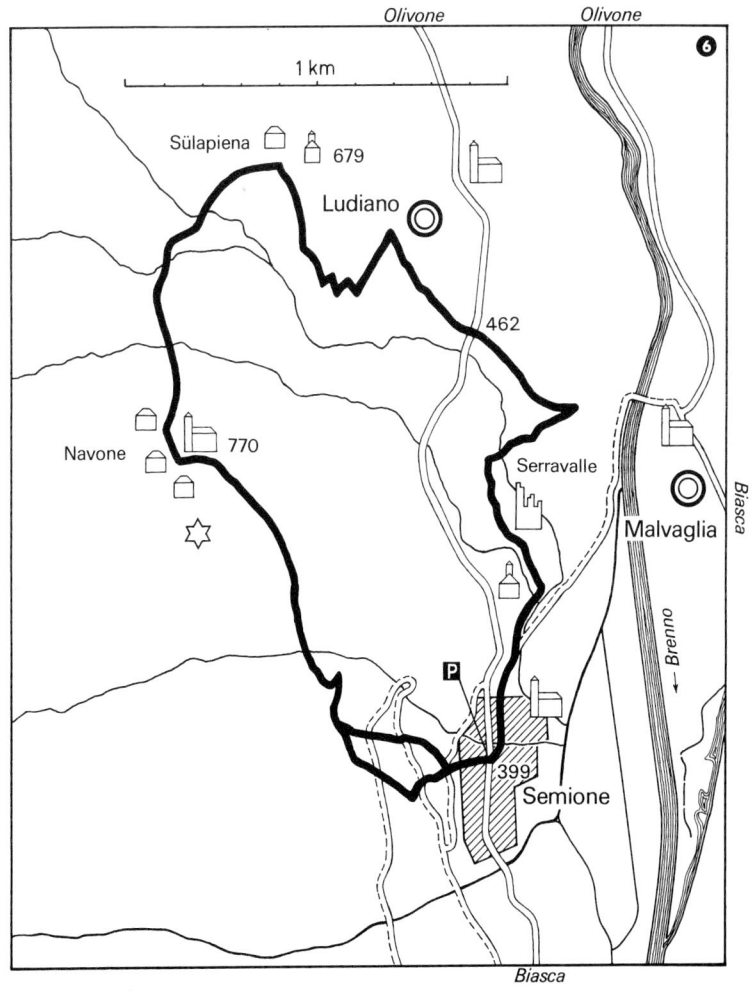

laufende Weglein. Es geht bald in den alten, in Stufen angelegten Alpweg über, auf dem wir durch den bewaldeten Hang zur herrlichen Wiesenstrasse des früher ganzjährig bewohnten Maiensässes **Navone** aufsteigen.

Die 1676–1680 erbaute achteckige Kapelle mit barocker Arkadenvorhalle enthält einen freistehenden Stuckaltar von Domenico Rezia aus Porlezza und das 1683 vollendete grossartige Kuppelgemälde von Gian Battista Soldato aus Neggio (Krönung Marias).

Wir folgen dem breiten, grasbedeckten Weg bis zum nördlichen Teil der Siedlung, wo gegenüber einem grösseren Haus mit auffallender Fensterverzierung ein leicht absteigender, etwas undeutlicher Wiesenpfad abzweigt. Durch Waldpartien und kleinere Lichtungen absteigend, gelangen wir zur verlassenen Siedlung *Sülapiena,* einer ehemaligen Fraktion von Ludiano. An einigen Häusern findet man Freskenreste aus dem 15. und 16. Jh. Auf gutem Weg erfolgt der Abstieg nach **Ludiano,** das – wie die Grotti am Hangfuss beweisen – mit Malvaglia und Semione zum Weinbaugebiet des Bleniotales gehört. Die schon 1293 erwähnte, 1780 neu erbaute stattliche Barockkirche S. Secondo enthält vorzügliche Stuckarbeiten und Malereien. Im oberen Dorfteil halten wir rechts abwärts, kreuzen die Hauptstrasse und folgen nun der markierten Blenio-Talroute durch eigentümliches, zwischen Felsblöcken angelegtes Rebgelände zur **Ruine Serravalle.** Die Burganlage, von der ein Wachtturm am besten erhalten ist, wurde in der 2. Hälfte des 12. Jh. durch Alcherius von Torre erbaut. Friedrich I. Barbarossa verweilte hier 1176 während seines Mailänder Feldzuges. Nach der Niederlage des Kaisers bei Legnano zerstört, 1230 wieder aufgebaut, wurde Serravalle zum Sitz der von Mailand über das Bleniotal eingesetzten Vögte. 1402 wurde die Burg von den aufständischen Blenieser zerstört. Das Chor der nahen Schlosskapelle S. Maria di Castello enthält eine aus dem Jahre 1587 stammende wertvolle Freskenfolge, vermutlich von Giovanni Battista und Domenico Tarilli. Der markierte Wanderweg führt uns in kurzer Zeit nach Semione zurück.

7   Campo (Blenio)–Rifugio Motterascio–Passo della Greina

Ausgedehnte Bergwanderung in die urtümliche Landschaft am Greinapass. Sie wird mit Vorteil als Zweitagestour, mit Übernachtung in der Motterascio-Hütte des SAC, durchgeführt.

Fahrt mit Bahn und Autobus	Nach Biasca (Bahn), Biasca–Olivone (Autobus), Olivone–Campo (Autobus)
Fahrt mit Auto	Bellinzona–Biasca–Olivone–Campo 49 km, Airolo–Biasca–Olivone–Campo 65 km
Parkplatz	In Campo bei der Brücke über den Fiume d'Orsaira (vor der Casa Cristallina)

Route	Höhe in m	Hinweg	Rückweg
Campo 🚌	1216	–	8 Std.
Staudamm Luzzone	1592	1 Std. 15 Min.	7 Std. 15 Min.
Capanna Motterascio	2189	4 Std. 10 Min.	5 Std. 10 Min.
Crap la Crusch	2259	4 Std. 50 Min.	4 Std. 30 Min.
Passo della Greina	2357	5 Std. 30 Min.	3 Std. 50 Min.
Campo 🚌	1216	8 Std. 20 Min.	–

Das Wappen von **Campo** (Blenio), ein Zelt darstellend, soll an ein Feldlager der Römer erinnern. Politisch gehören die Fraktionen im Val di Campo zur Vicinanza von Aquila. Das Kirchlein, dessen Urbau 1225 erwähnt wird, enthält im linken Chor eine vermutlich von Tarilli geschaffene ‹Kreuzigung›, die 1872 von Tomaso Calgari übermalt wurde.

Wir benützen die Strasse bis zu dem zur Gemeinde Ghirone gehörenden Weiler *Aquilesco*. Bei der Abzweigung (Wegweiser) halten wir rechts zur Siedlung und zum Hangfuss hinüber. Diesem entlang führt uns der alte Saumweg zu den Hütten von *Scalvéid* und zur Strasse empor. Dieser folgen wir nur ein kurzes Stück, um wieder links abzuzweigen. Beim Ferienheim auf *Monte Cesura* berühren wir nochmals die Strasse und benützen den zu einer Hüttengruppe führenden Fussweg. Nachdem wir die Strasse wieder erreicht haben, folgen wir ihr bis zum *Staudamm Luzzone*. Dieser steht

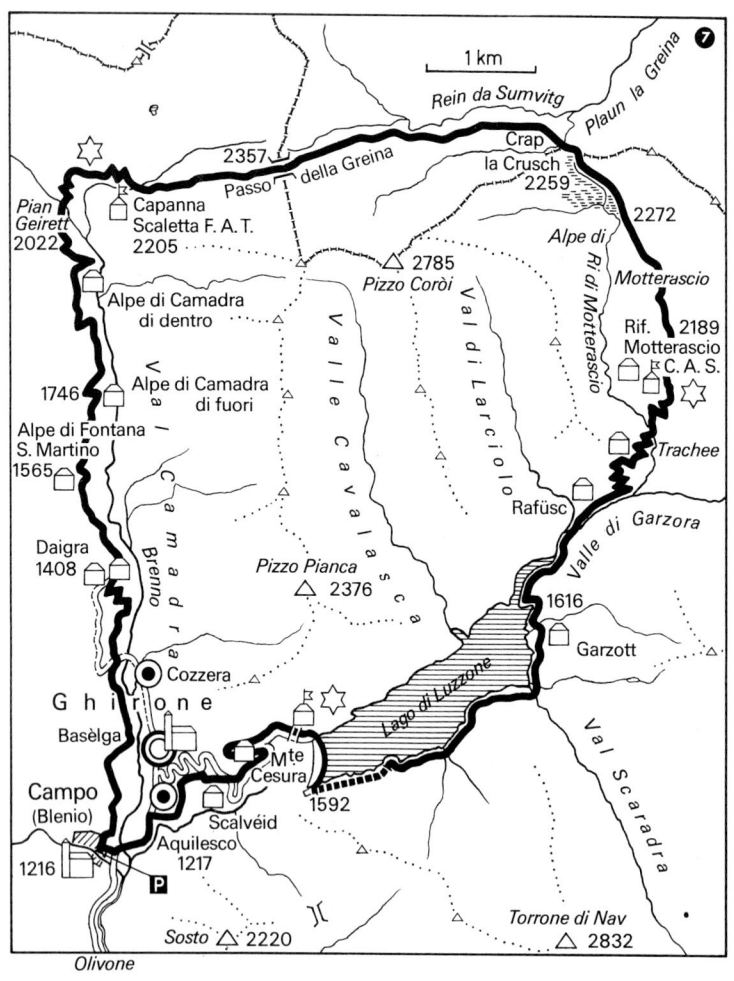

durch seine Mächtigkeit (Höhe 208 m, Länge der Krone 530 m) an dritter
Stelle unter den Staumauern der Schweiz.
Wir überschreiten die Dammkrone und betreten den 600 m langen Tunnel,
der durch den felsigen Uferhang verläuft. Ein Fahrsträsschen zieht sich nun
weiter dem linksseitigen Ufer entlang bis zur Alp *Garzott*. Die Wanderung
wird auf einem Fussweg fortgesetzt, der durch eine eindrückliche felsige
Talenge in die Valle di Garzora eindringt. Nach der Einmündung des Val di
Larciolo (Pt. 1632) folgt der Weg dem Bach aus der Valle di Garzora weiter
bis zur Talstation der Materialseilbahn nach Motterascio. Nun geht es in
weiten, bequemen Kehren hangaufwärts und schliesslich über ein Felsband
zur Talstufe *Trachee*. Am östlichen Hang des Talkessels windet sich unser
Weg zum gut sichtbaren **Capanna Motterascio** des SAC (Capanna
Michela) empor.
Im Hintergrund der Mulde zieht sich die Fortsetzung unseres Weges rechts
aufwärts zu einer Leiter, über die wir eine niedrige Felsstufe überwinden. Die
Route folgt nun dem östlichen Bergfuss. Nach dem vom Pizzo di Güida her-
abkommenden Seitengraben wählen wir die links abzweigende Pfadspur,
die auf den Sattel zwischen zwei Rundbuckeln zuhält (Pt. 2272). Dem Rand
einer ausgedehnten sumpfigen Hochebene entlang, einer ehemaligen See-
fläche, erreichen wir den durch ein eisernes Kreuzchen auf einem Felsblock
gekennzeichneten Übergang von *Crap la Crusch* (2259 m) an der Grenze
Tessin–Graubünden.
Vor uns liegt die 4 km lange, von zahlreichen Wasserläufen durchzogene
Ebene des Plaun la Greina, eine Landschaft von seltener Abgeschiedenheit
und Ursprünglichkeit. Sie wird durch drei deutlich unterscheidbare Ge-
steinsformationen aufgebaut: die gelb-weisslichen verwitterten Dolomit-
und Rauwackenbänder in der Ebene, die schwärzlichen Tonschiefer aus der
Liaszeit im Süden (Pizzo Coroi) und den grauen Granitgneis des Gotthardmassivs im Norden (Piz Vial).
Wir überqueren den nahen Seitenbach des Rein da Sumvitg und gehen in
nordwestlicher Richtung pfadlos auf eine Wegweiserstange zu. Auf einem
breiten Rücken diesseits des Hauptbaches wenden wir uns westwärts und
stossen bald auf eine weiss-rote Markierung, später auf einen deutlichen
Pfad. An interessanten Erosionsformen im hellen Triasgestein vorbei führt er
uns zum **Passo della Greina** (Pass Crap) hinauf, der nördlichsten schweize-
rischen Wasserscheide zwischen Rhein und Po. Rechterhand erhebt sich

der Felszahn des Piz Gaglianera, vor uns die vergletscherte Kuppe des Piz Medel.

Der Weg steigt, wieder auf Tessiner Boden, an der linksseitigen Talflanke noch etwas an (bis 2379 m) und senkt sich dann zum *Piano della Greina*. Bei der Abzweigung zur *Scaletta-Hütte* der SAT Lugano wechseln wir auf die rechte Seite des Brenno della Greina hinüber. Nach einer kurzen Gegensteigung windet sich der Weg im Zickzack über die Talstufe der Scaletta hinab, wobei der Blick durch das Val Camadra und die Sosto-Schlucht weit ins Bleniotal hinabdringt.

Auf dem Pian Geirett nimmt uns eine ehemalige Werkstrasse (Materialtransporte für die Staumauer Luzzone) auf, der wir im weiteren Abstieg grösstenteils folgen. Sie ist stark beschädigt, schon lange unbefahrbar, weist aber am Rand eine brauchbare Gehspur auf. Zwischen den Alpen *Camadra di fuori* und *Fontana S. Martino* können auf Abkürzungen zwei Kehren geschnitten werden. Bei der Biegung des nun befahrbaren Strässchens um eine Bergrippe zweigen wir links ab (Wegweiser), durchqueren das Dörfchen *Daigra* und wählen bei der Gabelung den links abwärts führenden Wiesenpfad. Bei Magana folgen wir dem Strässchen einige Schritte nach links, worauf uns ein Wegweiser auf den weiter absteigenden Waldweg leitet. Kurz vor dem Waldrand, gegenüber der schon 1215 erwähnten Kirche von Baselga, halten wir rechts und kehren, zuletzt durch Wiesengelände, nach Campo zurück.

Trotziger Eckturm des ▷
Castel Montebello,
der mittleren der drei
mailändischen Burgen
von Bellinzona.

Durch seine Lage an der Eingangspforte zu den Tälern der Melezza, der Maggia und der Verzasca, aber auch als Umschlagplatz für den Güterverkehr über die Alpenpässe entwickelte sich Locarno zum Marktzentrum und Hauptort eines grossen Einzugsgebietes. Der Name geht auf das keltische ‹Leukara› (= die ‹Mächtige› oder die ‹Weisse›) zurück, mit dem die Maggia bezeichnet wurde. Ihre Anwohner hiessen ‹Leukarni›, woraus später ‹Locarno› wurde. In seiner Stadtanlage und in seinen Bauten lässt Locarno heute noch unzählige Bilder aus seiner Vergangenheit vor dem Besucher erstehen. Da ist die geräumige, von einer Arkadenreihe flankierte Piazza Grande, wo einst an der Mündung eines ehemaligen Maggiaarmes der Hafen von Locarno lag. Derselbe Seitenarm führte auch am Kastell vorbei. Lucchino Visconti erbaute es im 14. Jh. an Stelle einer älteren Anlage, im 15. Jh. wurde es durch Franchino Rusca vergrössert und verschönert. Von der einst mächtigen Feste sind nur noch der Palas und ein Eckturm erhalten. Die vor den Nordwinden geschützte Lage am See bewirkt, dass Locarno das mildeste Klima der Schweiz aufweist. So wachsen am Quai Palmen, Zedern, Kamelien, Magnolien und Lorbeer, während in den Gärten Orangen, Zitronen und sogar Bananen reifen.

Klima und landschaftliche Schönheit machten aus dem uralten Borgo einen der beliebtesten Kur- und Ferienorte der Schweiz. Von dieser Entwicklung zeugen nicht nur die zahlreichen Hotels, Pensionen, Ferienhäuser und Erholungsheime, sondern auch die ergänzenden vielfältigen Betriebe, die Cafés und Kaufläden unter den Arkaden, der Kursaal, das Strandbad, Tennis- und Golfplätze. Die Standseilbahn zur Madonna del Sasso und die daran anschliessende Luftseilbahn führen den Feriengast auf die Höhe von Cardada, die einen herrlichen Rundblick vermittelt und zugleich als Ausgangspunkt zahlreicher schöner Wanderungen dient. Einheimische und Gäste treffen sich an den alljährlich wiederkehrenden Festen, wie am Risottoessen zur Fastnachtszeit, am farbenprächtigen Blumenfest, aber auch am international beachteten Filmfestival.

Im Seewinkel jenseits des Maggiadeltas liegt Ascona, eine der ältesten Siedlungen am Lago Maggiore, heute ein Treffpunkt des mondänen Tourismus. Das Ende des letzten Jahrhunderts noch stille, verträumte Fischerdorf übte stets eine besondere Anziehungskraft auf die Welt der Künstler und Literaten aus. Ernsthafte Musensöhne neben unsteten Bohémiens und Weltverbesserern trafen sich, lebten und wirkten in Ascona oder auf dem nahen Monte Verità. In früheren Jahrhunderten hatte Ascona selbst bedeutende Künstler hervorgebracht, wie etwa den grössten Tessiner Barockmaler, Giovanni Serodine. Beispiele seines Schaffens finden wir in der Pfarrkirche SS. Pietro e Paolo.

Früher wenig bekannt war der Uferstrich gegenüber Locarno und Ascona, das Gambarogno. Inzwischen ist der Reiz dieser Landschaft, der in seiner grösseren Ursprünglichkeit und Unberührtheit liegt, auch von den Touristen entdeckt worden. Während sich eine Reihe von Dörfern – Magadino, Vira, San Nazzaro und Gerra – dem Ufer entlang zieht, finden wir auf einer kaum 200 m höher liegenden Terrasse eine Kette von Winzerdörfchen, wie Piazzogna, Vairano, Casenzano, Ronco, S. Abbondio und Caviano. Weitere 400–500 m hangaufwärts, auf winzigen Verebnungen, liegen die Maiensässe, die Monti. Ein durchgehender, tiefe Schluchten überwindender Wanderweg verbindet sie miteinander, eine eigentliche ‹Strada alta› des Gambarogno. Zum Gambarogno zählen wir auch das jenseits des Bergkammes gelegene Indemini, das einzige Schweizer Dorf im sonst italienischen Val Veddasca. Mit Vira ist es durch ein kurvenreiches Strässchen über die Alpe di Neggia verbunden, der Wanderer wird dagegen den stillen Weg über den Passo S. Anna bevorzugen.

Tief in den Gebirgskörper der Penninischen Alpen eingeschnitten, von zwei schroffen Bergketten begrenzt, bildet das Val Verzasca wohl die geschlossenste landschaftliche Einheit des Tessins. Der Name wird auf die smaragdgrüne Farbe des Wassers zurückgeführt (verde acqua = grünes Wasser). Auf ligurische Besiedlung weisen die zahlreichen Endungen auf -asco und -asca (Frasco, Alnasca) hin. Auffallend sind aber auch Flurnamen wie Vald, Lovald (Wald), Stavello (Stafel) oder Miescio (Miesch = Moos), die auch die Anwesenheit deutschsprachiger Walser Kolonisten vermuten lassen. Unter eidgenössischer Herrschaft genoss das Verzascatal das Privilegium einer weitgehenden Selbstverwaltung, wobei die Dörfer Vogorno und Brione abwechslungsweise die zwei höchsten Beamten des Tales, den Landvogt und den Kanzler, stellten. Die nur geringe landwirtschaftlich nutzbare Fläche ihres Tales bewog die Verzascataler, sich am Rande der Magadinoebene, zwischen Minusio und Cugnasco, zusätzliche Güter (terricciuoli) zu erwerben, wo sie Äcker und Weinberge bewirtschafteten. Zwischen diesen Gütern, dem Taldorf, den Maiensässen und den Alpen entwickelte sich eine Art Nomadismus, wie man ihn auch im Wallis (Val d'Anniviers) kennt.

Corippo, am Steilhang über dem Verzasca-Stausee, besitzt eines der besterhaltenen Ortsbilder des Tessins.

Trotzdem galt das Val Verzasca als ärmstes Tal des Tessins, das nie alle seine Bewohner ernähren konnte. Viele waren zum Auswandern gezwungen, früher als Kaminfeger in die oberitalienischen Städte, später als Goldgräber nach Australien und als Landarbeiter nach Kalifornien. Mit einem Rückgang der Bevölkerung von 75,2% zwischen 1850 und 1950 steht das wegen seines intakten Dorfbildes bekannte Corippo an der Spitze aller Schweizer Gemeinden.

Heute arbeiten die meisten Männer, vor allem die Angehörigen der jungen Generation, als Tagespendler ausserhalb des Tales. Immer mehr Familien lassen sich endgültig in ihren stadtnahen Siedlungen im Piano nieder, so dass die Entvölkerung unaufhaltsam fortschreitet. Der langgestreckte Stausee von Vogorno, in dem sich die Rebberge von Mergoscia spiegeln, gibt dem unteren, früher schluchtartigen Talabschnitt eine etwas lieblichere Note. Die Talstrasse musste höher gelegt werden und wurde zugleich modernisiert. Immer mehr Touristen finden seither den Weg ins Tal, bewundern von der eleganten doppelbogigen Brücke bei Lavertezzo aus die einzigartigen Erosionsformen der Verzasca, besichtigen in der Pfarrkirche von Brione die wertvollen Fresken aus dem 14. und 15. Jh., um schliesslich in Sonogno, dem hintersten Dorf, das interessante Talmuseum zu besuchen.

8 Cardada–Cima della Trosa– Alpe di Bietri

Dank dem hochgelegenen Ausgangspunkt besteigen wir ohne grosse Mühe einen lohnenden Aussichtsgipfel zwischen Maggia- und Verzascatal. Ausgezeichnete Wegverhältnisse.

Fahrt mit Bergbahnen	Locarno–Madonna del Sasso (Standseilbahn), Orselina–Cardada (Luftseilbahn), evtl. Cardada–Cimetta (Sesselbahn)
Fahrt mit Auto	Locarno–Orselina oder Monti della Trinità (Parkplatz) 4 km
Parkplätze	Bei der Talstation der Luftseilbahn Orselina–Cardada, in Monti della Trinità und in Locarno.

Route	Höhe in m	Hinweg	Rückweg
Cardada 🚡	1329	–	4 Std.
Cimetta 🎿	1671	1 Std.	3 Std. 15 Min.
Cima della Trosa	1869	2 Std.	2 Std. 30 Min.
Alpe di Bietri	1500	2 Std. 50 Min.	1 Std. 15 Min.
Cardada 🚡	1329	4 Std.	–

Der kleine Höhenkurort **Cardada,** im Winter ein beliebtes, stadtnahes Skigebiet, ist Ausgangspunkt zahlreicher gut markierter Wanderwege. Nebst dem Berggasthaus ergänzen ein Voralpenpark, ein Vita-Parcours und ein Kinderspielplatz die touristischen Einrichtungen, während eine Panoramatafel über die Aussicht orientiert. Ein bequemer Spazierweg verbindet die Bergstation der Luftseilbahn Orselina–Cardada mit dem Ausgangspunkt der Sesselbahn Cardada–Cimetta. Letztere ermöglicht es, die hier vorgeschlagene Wanderung um eine gute Stunde zu verkürzen.
Wer jedoch die ganze Tour zu Fuss bewältigen möchte, wählt den gut ausgebauten Weg, der sich in mehreren Serpentinen über die unteren, mit Kiefern und Tannen, weiter oben mit Ginster, Farnkraut und vereinzelten Birken bewachsenen Hänge der Cimetta emporwindet und sich dann in einer längeren Querung zur Skihütte des SC Locarno-Solduno und zur nahen *Alpe Cardada* hinüberzieht. Unser Weg biegt nun scharf nach links ab und zieht

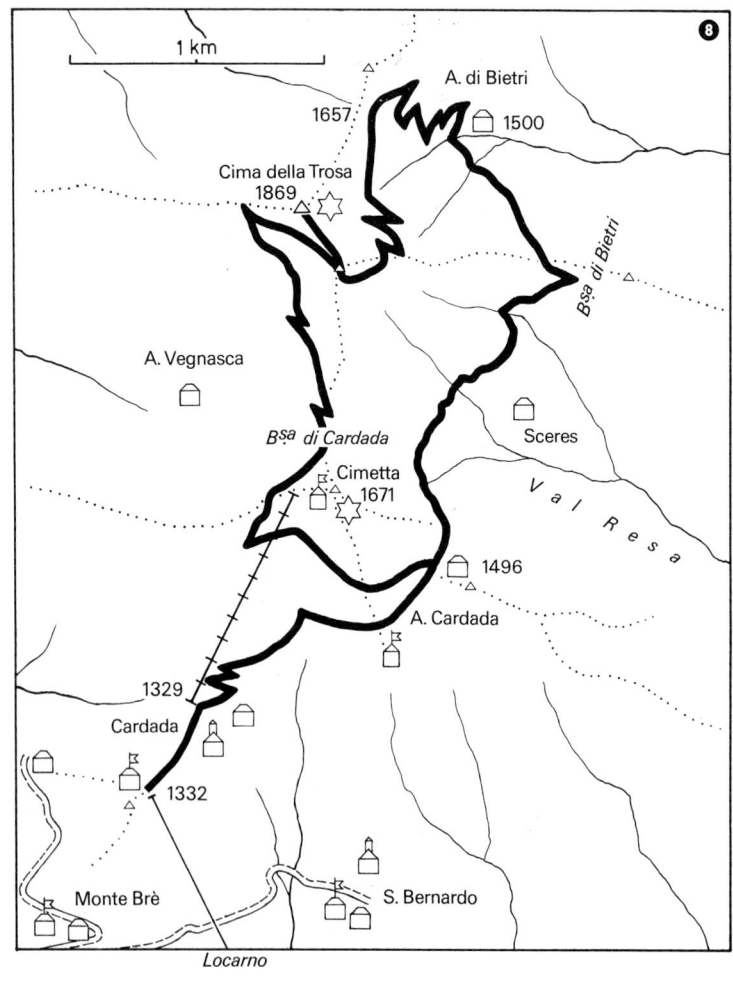

sich, weit nach Westen ausholend, in sanfter Steigung zur **Cimetta** empor (Unterkunftshütte mit Restaurant). Bei der Bergstation der Sesselbahn schlagen wir den Weg ein, der durch den bewaldeten Nordwesthang zum Einschnitt der Bassa di Cardada absteigt. Hier beginnt auf gut ausgebautem, in langer Querung bis zum Westgrat ausholendem Weg der Aufstieg zur **Cima della Trosa.** In der Tiefe, am Ausgang des gleichnamigen Seitentales, erblicken wir Mergoscia und den Stausee von Vogorno. Den breiten Talgrund der Maggia überblicken wir von Gordevio bis in die Gegend von Cevio. Über die Ceneri-Senke hinweg grüssen die Berge des Luganese. Dazu geniessen wir die Fernsicht auf die Walliser Alpen mit dem alles dominierenden Monte Rosa, und auf die Berner Alpen.

Auf demselben Weg kehren wir bis zu einem Wegweiser knapp unterhalb des Grates zurück und zweigen links ab. Der gute Abstiegsweg biegt in die erlenbestandene Nordostflanke ein und senkt sich zur Einsattelung zwischen Cima della Trosa und Madone (Pt. 1657). In weiten Kehren geht es nun zur **Alpe di Bietri** hinab, die am länglichen Alpstall erkennbar ist. Der unter dem Namen ‹Formaggio di Bietri› bekannte Käse geniesst im Tessin einen guten Ruf.

Ein eben verlaufender, schöner Weg hält nun auf den markanten Einschnitt der *Bocchetta di Bietri* zu, vor der wir den Wald betreten. Auch die steilen Südosthänge der Cima della Trosa, hoch über dem Val Resa, werden von unserer Route fast ebenhin durchquert. Eine letzte kurze Steigung im Wald bringt uns wieder zur *Alpe di Cardada,* und auf demselben Weg, den wir für den Aufstieg benützten, kehren wir zur Seilbahnstation Cardada zurück.

9

Ascona/Monte Verità (Parco Parsifal)–Gratena–Ciossa–Renecone

Interessanter Spaziergang durch die eigenartige glaziale Rundhöckerlandschaft zwischen Ascona, Losone und Arcegno.

Fahrt mit Autobus   Locarno–Ascona, Ascona–M.Verità
Fahrt mit Auto   Locarno–Ascona (oder Losone)–M.Verità
    (Parco Parsifal) 5 km
Parkplatz   Beim Parco Parsifal

Route	Höhe in m	Hinweg	Rückweg
M.Verità (Parco Parsifal) 🚋	290	–	2 Std.
Ciossa	380	1 Std.	1 Std. 10 Min.
Renecone	280	1 Std. 30 Min.	30 Min.
M.Verità (Parco Parsifal) 🚋	290	2 Std.	–

Der **Parco Parsifal,** Ausgangspunkt unserer Wanderung, befindet sich in unmittelbarer Nähe des **Monte Verità.** Dieser ‹Berg der Wahrheit› wurde durch seine ersten Besiedler berühmt. Eine kleine Zahl Männer und Frauen, der Zivilisation überdrüssig, gründete hier 1898 eine Gemeinschaft, die sich einer einfachen, naturverbundenen und dazu schöngeistigen Lebensweise verschrieb.

Vom Parco Parsifal aus folgen wir dem geteerten, leicht ansteigenden Sentiero delle betulle (Birkenweg) in westlicher Richtung. Unmittelbar nach der linkerhand stehenden Ca di Pastoo (Haus der Hirten) zweigen wir rechts ab und überschreiten das schmucke Holzbrücklein. Der sanft ansteigende Weg umrundet östlich den Rücken der **Gratena** und senkt sich gegen die Strasse Losone–Arcegno. Mit den benachbarten, ebenfalls bewaldeten Hügeln Balladrum, Castelli, M.Verità, Maia und Barbescio gehört die Gratena zu jenen Gneisbuckeln, die eine eigenartige, vom eiszeitlichen Maggiagletscher geformte Rundhöckerlandschaft bilden. Mit den darin eingeschlossenen Tümpeln und kleinen Torfmooren erinnert sie an ähnlich gebildete Landschaften im hohen Norden.

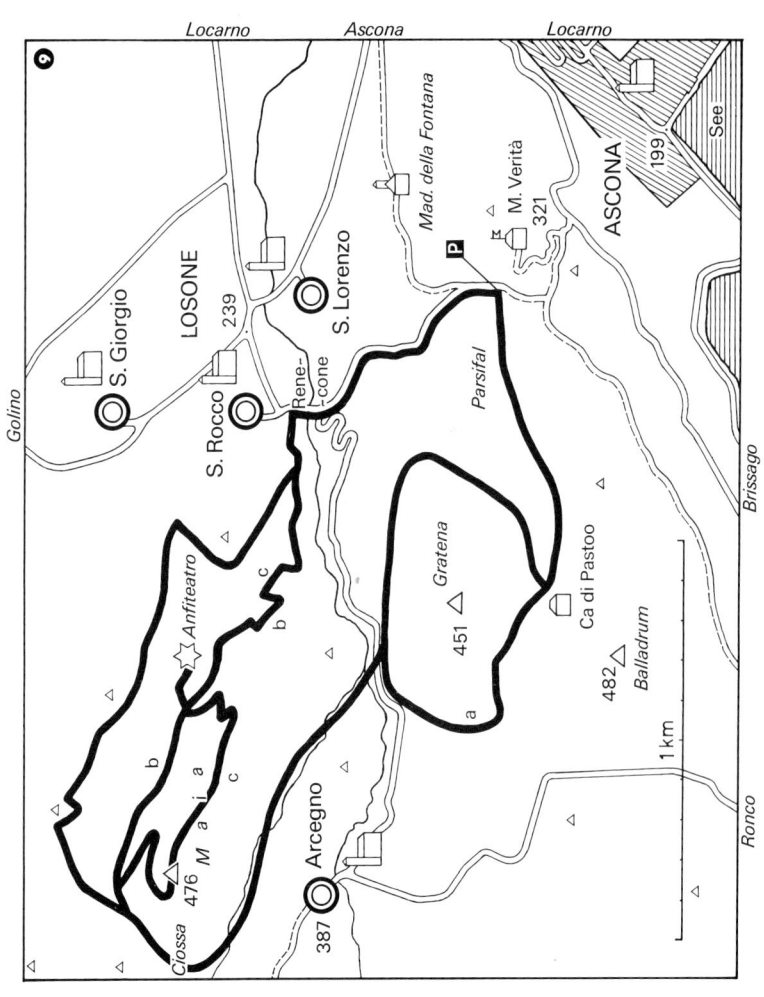

Über glattgeschliffenes Urgestein schäumt das Wasser der Verzasca, um sich immer wieder in klaren, smaragdgrünen Becken zu sammeln (Route 13).

Wir kreuzen die Strasse Losone–Arcegno, um durch das von einem Bächlein durchflossene Val d'Ortighee (Brennesseltal) aufzusteigen. Ein Wegweiser zeigt uns die Möglichkeit, dem nahen *Arcegno* einen Besuch abzustatten. Das infolge der Auswanderung stark entvölkerte Dörfchen ist zur Wahlheimat namhafter Künstler und Kunsthandwerker geworden. Die Kirche aus dem 17. Jh. enthält ansprechende Malereien aus der Barockzeit. Bei der Lichtung **Ciossa** wendet sich unsere Route nach Nordosten, der Bolletta lunga zu (bolletta = kleiner Tümpel, sumpfiger Weiher). Dieser entlang kommen wir zu einer Wegkreuzung. Wir halten hier rechts und steigen durch ein Tälchen zu den Bollette di Mondrigo, nach **Renecone** und zur Strasse am westlichen Rand von **Losone/S. Rocco** hinab. Dieser folgen wir Richtung Arcegno bis zur Rechtskurve, wählen dort die geradeaus ansteigende Strasse zum Monte Verità und kehren zum Parco Parsifal zurück.

Nebenrouten
    a) Ca di Pastoo–Sentiero dei mughetti–Ortighee
    b) Ciossa–Bolletta di Roia–Anfiteatro–Bassa–Renecone 30 Min.
    c) Ciossa–Maia–Anfiteatro– Bassa–Renecone 35 Min.

10

S. Abbondio–Caviano– Monti di Caviano–Monti di S. Abbondio

Wanderung an den Hängen des Gambarogno mit steilem Auf- und Abstieg und schönem, neu angelegtem Verbindungsweg zwischen den Maiensässen hoch über dem Lago Maggiore.

Fahrt mit Schiff	Locarno–Ranzo (Aufstieg zu Fuss nach S. Abbondio 25 Min.)
Fahrt mit Auto	Locarno–Magadino–Gerra–S. Abbondio 22 km
Parkplätze	In S. Abbondio am Dorfeingang und am Ende der Strasse

Route	Höhe in m	Hinweg	Rückweg
S. Abbondio 🚌	331	–	3 Std. 10 Min.
Caviano 🚌	274	15 Min.	2 Std. 50 Min.
M. di Caviano	695	1 Std. 30 Min.	2 Std.
M. di S. Abbondio	800	2 Std. 20 Min.	1 Std. 15 Min.
S. Abbondio 🚌	331	3 Std. 10 Min.	–

Das Winzerdörfchen **S. Abbondio** ist auf einem herrlichen Aussichtsbalkon über dem Lago Maggiore gelegen. Die schon 1264 erwähnte Kirche steht auf einem erhöhten Vorsprung, den früher ein römischer Wachtturm zierte. 1852 wurde sie als Längsbau mit zentraler Kuppel und halbrund geschlossenem Chor neu errichtet.

Vom Parkplatz am Ende der Strasse senkt sich unser Weg in die Schlucht des Valle di S. Abbondio und führt jenseits des Baches wieder aufwärts. Eingangs **Caviano** wählen wir den linker Hand ansteigenden, gepflasterten Weg. Vor der Casa Patrizia (Wegweiser) halten wir links aufwärts durch ein enges Gässchen, kreuzen oberhalb des Dorfes ein Strässchen und gehen in gleicher Richtung weiter. Der gepflasterte, steile Weg führt durch schattigen Kastanienwald. An einer Wegkapelle (Pt. 525) vorbei gewinnen wir rasch an Höhe und treten auf die Lichtung der **Monti di Caviano** hinaus. Im unmittelbar über der Grenzschlucht gelegenen Alpdörfchen sind noch Überreste von Strohdächern zu sehen. Sie zeugen von der einst im ganzen

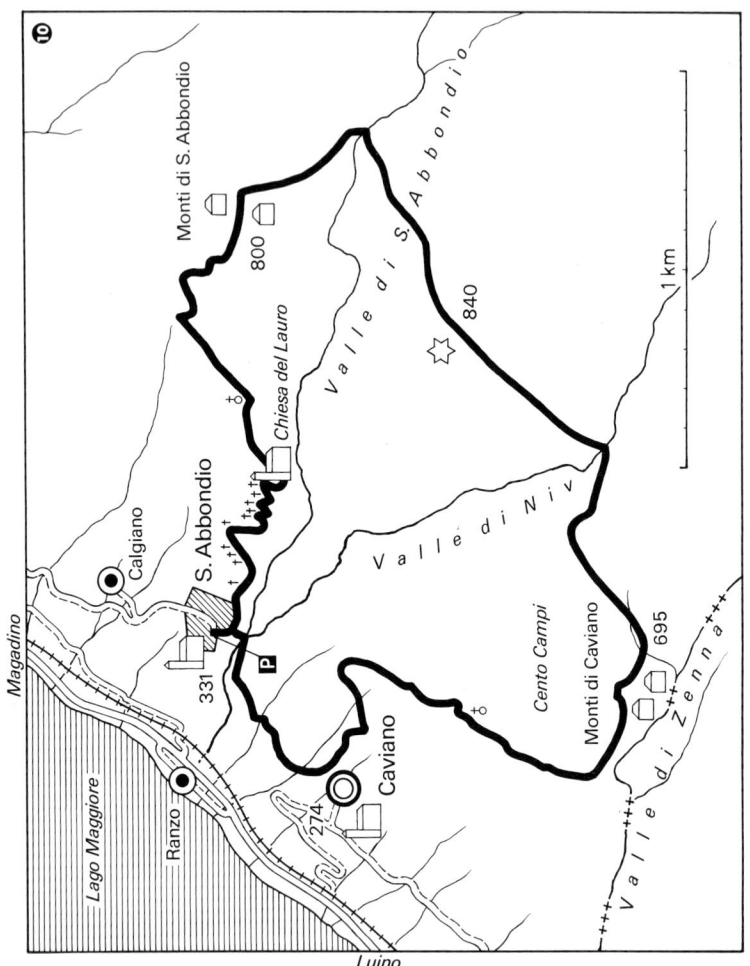

Gambarogno üblichen Art der Dachbedeckung. Der für die Lichtung gebräuchliche Name Cento Campi geht auf eine Sage zurück, wonach der Satan in einer einzigen Nacht dieses ganze, einst wüste Gebiet von Wald und Gestrüpp säuberte und in hundert Felder einteilte, um schlussendlich doch um seinen Lohn geprellt zu werden.

Am oberen Ende der Siedlung, bei einer Kapelle, betreten wir den Wald, bleiben knapp oberhalb der Lichtung und trennen uns bei der Weggabelung von der rechter Hand zum Monte Paglione aufsteigenden Route. Unser Weg, der 1974 neu angelegt wurde, um die kaum noch vorhandene Verbindung zwischen den Monti wiederherzustellen, erlaubt ein müheloses, beschauliches Wandern. Wir überqueren zuerst die Bachrunse der Valle di Niv und geniessen bei einem Ruheplatz den Tiefblick auf den Lago Maggiore. Nachdem auch das tiefeingeschnittene Valle di S. Abbondio hinter uns liegt, gelangen wir, leicht absteigend, zu den **Monti di S. Abbondio.** Von keiner Fahrstrasse erschlossen, hat dieses Maiensäss sein ursprüngliches Aussehen weitgehend bewahrt.

Beim Brunnen halten wir rechts zur unteren Häusergruppe und weiter zum Waldrand hinab, wo uns der ungemein steile, gepflasterte Alpweg aufnimmt. Bei der 1760 erbauten *Chiesa del Lauro* geht er in den Stationenweg nach S. Abbondio über, dessen Kapellen 1972 durch verschiedene Künstler mit modernen Malereien versehen wurden.

11   Alpe di Neggia–Monte Gambarogno–S. Anna–Indemini

Genussreiche Wanderung mit eindrücklichen Tiefblicken auf den Lago Maggiore und einzigartiger Fernsicht.

Fahrt mit Postauto	Locarno–Alpe di Neggia
Fahrt mit Auto	Locarno–Magadino–Vira–A. di Neggia 26 km
Parkplatz	Auf der Passhöhe Alpe di Neggia

Route	Höhe in m	Hinweg	Rückweg
Alpe di Neggia 🚌	1395	–	4 Std. 50 Min.
Monte Gambarogno	1734	1 Std. 15 Min.	4 Std.
S. Anna	1342	2 Std. 20 Min.	2 Std. 20 Min.
Indemini 🚌	979	3 Std. 10 Min.	1 Std. 10 Min.
Alpe di Neggia 🚌	1395	4 Std. 50 Min.	–
Ohne Abstieg nach Indemini 4 Std.			

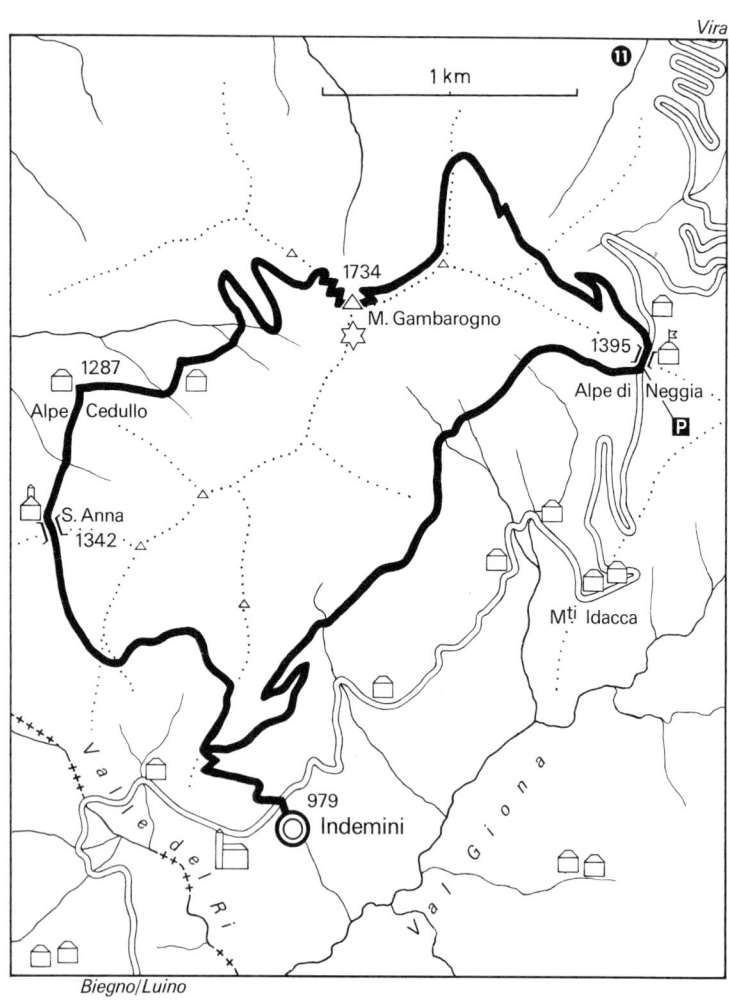

Vira

1 km

1734

M. Gambarogno

1395

Alpe di Neggia

P

1287

Alpe Cedullo

S. Anna
1342

Mti Idacca

Valle del Ri

979

Indemini

Val Giona

Biegno/Luino

Die Passhöhe der **Alpe di Neggia** ist Kulminationspunkt des 1917–1920 erbauten Strässchens nach Indemini.

Unsere Route folgt dem zu einer Kehre in nördlicher Richtung ausholenden Fahrweg. Bei einem Wäldchen zweigt sie rechts ab, zieht sich schräg aufwärts, umrundet den nach Norden abfallenden Grat und führt uns auf den Gipfel des **Monte Gambarogno.**

Überwältigend ist der Tiefblick auf den Lago Maggiore und auf den breiten Fächer des Maggiadeltas. Der Blick dringt aber auch weit in die Täler nördlich von Locarno, in denen wir mehrere Ortschaften erkennen: Loco, an der Biegung des Onsernonetales, Someo, weit hinten im Maggiatal, Mergoscia und Vogorno, an den Steilhängen des Verzascatales.

Vom Sattel nordwestlich des Gipfels senkt sich ein in weit ausholenden Kehren angelegter neuerer Weg durch den nach Westen abfallenden, mit hohem Farnkraut bewachsenen Hang. Jenseits des Bächleins durchqueren wir eine schöne Waldpartie und gelangen zur *Alpe Cedullo.* Den Hang weiter querend, erreicht unsere Route in leichtem Anstieg die Passlücke **S. Anna.** Diesen Übergang benützten früher die Frauen von Indemini allwöchentlich, um in Gerra oder S. Nazzaro einzukaufen. Die Wallfahrtskapelle aus dem 15. Jh. enthält ein spätgotisches Fresko der Mater lactans aus dem Kreis des Antonio da Tradate. Die angebauten Räume einer Einsiedelei dienen heute als Refugium.

Der nach Süden absteigende Weg folgt dem linksseitigen Hang und biegt um eine erste Bergkante in die Mulde des Val Crosa ein. Nach einer längeren Querung windet sich unsere Route in mehreren Kehren nach **Indemini** hinab.

Diese oberste und zugleich einzige auf Schweizer Boden gelegene Gemeinde des Veddascatales ist erst seit 1920 durch das Strässchen von Vira her über die Alpe di Neggia zugänglich. Doch selbst der Strassenbau vermochte die ausserordentlich starke Entvölkerung nicht aufzuhalten. Die engen Gassen von Indemini sind reich an malerischen Motiven.

Für den Wiederaufstieg benützen wir den Weg nach S. Anna bis zum Pasturone. Dort zweigt rechts ein Weglein ab, das uns dem Hang entlang über die Zonen Desbella und Meriggione zur Alpe di Neggia zurückbringt.

12   Gordola–Contra–Monti di Lego–Mergoscia

Interessante Wanderung im unteren Teil des Verzascatales. Für die Rückkehr von Mergoscia muss eine Strecke von 3,5 km auf der Strasse zurück-
gelegt werden.

Fahrt mit Bahn oder Autobus Locarno–Gordola (oder Tenero)
Fahrt mit Auto   Locarno–Tenero–Gordola 6 km
Parkplatz   In Gordola ca. 200 m vor der Verzasca-Brücke

Route	Höhe in m	Hinweg	Rückweg
Gordola 🚃 🚌	226	–	5 Std. 15 Min.
Contra 🚌	478	45 Min.	4 Std. 40 Min.
Monti di Lego	1121	2 Std. 30 Min.	3 Std. 30 Min.
Mergoscia 🚌	731	3 Std. 40 Min.	2 Std.
Diga 🚌	502	4 Std. 30 Min.	1 Std.
Gordola 🚃 🚌	226	5 Std. 15 Min.	–

Gordola war im Mittelalter, als der See noch bis zur heutigen Fraktion Ron-
gia reichte, Zollstation und Umladeplatz. Die 1894–1896 erbaute Pfarrkirche S. Antonio enthält zwei gute Tafelbilder unbekannter Herkunft, ein
Ecce Homo und eine Verspottung Christi (17. Jh.). Vom Parkplatz in Gordola
aus begeben wir uns auf der Strasse zur Verzascabrücke, überschreiten
diese, um gleich danach auf dem alten, durch einen Wegweiser gekennzeichneten Weg zur *Madonna della Fraccia* aufzusteigen. Der Name Fraccia
bezieht sich auf eine 1342 von den Visconti zum Schutze des Schlosses
Locarno errichtete Befestigungsmauer. Die 1639–1644 erbaute Kirche enthält zehn Statuen in Lebensgrösse (die vier Evangelisten und sechs Heilige),
dazu ein Gemälde von Anton Felix Orelli.
Im weiteren Aufstieg durchqueren wir den Weiler Moresio, folgen kurz der
Strasse, um bei einer Haarnadelkurve einen rechts abzweigenden Fussweg
einzuschlagen. Dem Rande der Verzascaschlucht entlang führt er zur Fraktion Contra di Sotto hinauf. Wir legen knapp 200 m auf der Strasse zurück
und wählen rechts den nach **Contra** aufsteigenden Weg. Die Kirche San
Bernardo birgt Werke des Bauernmalers Vanoni aus Aurigeno.

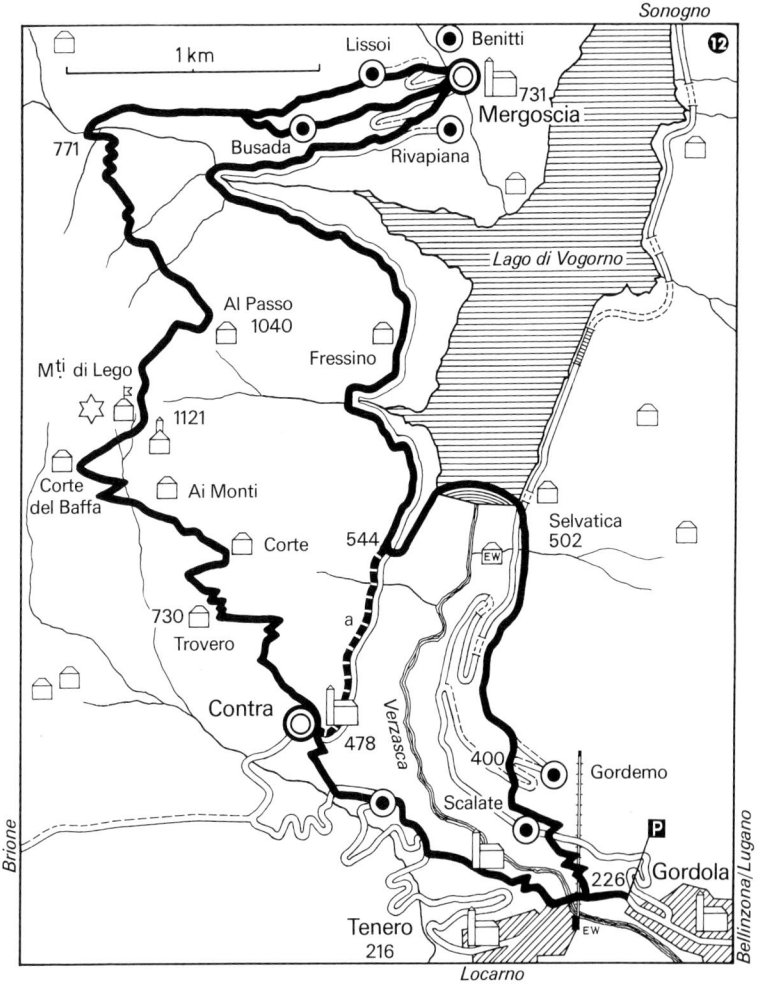

Der weitere Aufstieg zu den Monti beginnt hinter der Kirche, wo uns ein Wegweiser auf den alten Saumweg leitet. Dieser kreuzt zweimal ein neueres Fahrsträsschen und windet sich durch den Wald zu den Hüttengruppen Trovero und Corte empor. Kurz nach den Hütten von Ai Monti mündet er in den grösseren, vom Val Resa herkommenden Weg. Auf diesem steigen wir über Corte del Baffa zu den **Monti di Lego** empor. Das auf einem Bergvorsprung einzigartig gelegene Maiensäss gewährt eine herrliche Aussicht auf Lago Maggiore, Magadino-Ebene und ins Verzascatal. Als das felsige Tobel des Val Crosa noch unpassierbar war, führte die einzige Wegverbindung von Locarno nach Mergoscia über die Monti di Lego. Nebst der Bergkapelle finden wir eine im Sommer bewirtete Hütte der Pro Lego, die auch beschränkte Unterkunft bietet.

Auf dem Sättelchen hinter der Kuppe mit dem Holzkreuz beginnt der Abstieg nach Mergoscia. Der Weg senkt sich zur Wiesenterrasse von Al Passo, durchquert den mit Buchenwald bedeckten Nordhang des Mottone und windet sich ins Tobel des Valle di Mergoscia hinab. Auf einer Brücke überqueren wir den Bach und wandern am jenseitigen Hang talauswärts. Bei der Gabelung kurz vor dem Verlassen des Waldes haben wir die Wahl zwischen dem oberen Weg, der durch die Reben zur Fraktion Lissoi führt, und dem unteren, der zur Fraktion Busada absteigt. Von beiden Siedlungen aus führen Strässchen zur Kirche von **Mergoscia,** dem Zentrum der Gemeinde.

Der Mangel an guten Wegverbindungen mit den andern Verzascadörfern bewirkte, dass Mergoscia eine vom übrigen Tal gesonderte Entwicklung durchmachte. Es besitzt keine Tochtersiedlung in der Magadino-Ebene und war wirtschaftlich seit jeher stärker mit Locarno verbunden. Heute liegt Mergoscia mit seinen vier Siedlungskernen Busada, Lissoi, Benitti und Rivapiana hoch über dem Spiegel des Stausees Lago di Vogorno. In dieser klimatisch bevorzugten Spalierlage gedeihen die höchstgelegenen Reben des Verzascatales. Die schon 1338 erwähnte Pfarrkirche San Gottardo enthält eine Freske aus dem 15. Jh.

Gleich nach der Kirche führt uns eine Abkürzung zur Strassenkehre bei der Fraktion Rivapiana hinab. Wir legen nun 3,5 km auf der Strasse zurück. Etwa 400 m nach der Haltestelle Diga zweigt links der zur *Diga* (Staudamm) des Lago di Vogorno hinabführende Weg ab. Die Bogenstaumauer ist 220 m hoch und 380 m lang. Der Stausee hat eine Länge von 6 km.

Wir überschreiten die Mauerkrone, kreuzen die Verzasca-Talstrasse und folgen einem geteerten Strässchen bis zu einer Haarnadelkurve. In gleicher
Richtung führt uns ein Fussweg nach *Gordemo*.
Vom oberen Strässchen zweigen wir rechts auf den Sentiero alla Fontana
ab. Wir berühren eine Strassenkurve, kreuzen weiter unten diese Strasse,
um nach wenigen Metern links abzubiegen. Auf einem Rebweg halten wir
zum Dörfchen *Scalate* hinunter, kreuzen die Verzascastrasse und steigen
durch den Vicolo Scalate nach Gordola hinab.

Abkürzung   a) Contra–Diga Lago di Vogorno (Staumauer)
                               30 Min.

13   Brione–Frasco–Sonogno

Die topographischen Verhältnisse im oberen Verzascatal ermöglichen keine
empfehlenswerte Rundwanderung. Um dieses grossartige Gebiet nicht zu
vernachlässigen, schlagen wir eine Wanderung auf der Talroute vor, bei der
man mit dem Postauto zum Ausgangspunkt zurückkehren kann.

Fahrt mit Postauto	Locarno–Brione (Verzasca)
Fahrt mit Auto	Locarno–Gordola–Brione (Verzasca) 24 km
Rückfahrt mit Postauto	Sonogno–Brione (Verzasca)
Parkplätze	In Brione auf dem Hauptplatz, beim Friedhof und in Piei

Route	Höhe in m	Hinweg	Rückweg
Brione 🚌	756	–	2 Std.
Brücke nach Gerra	810	50 Min.	1 Std. 15 Min.
Brücke vor Frasco	858	1 Std. 25 Min.	45 Min.
Sonogno 🚌	919	2 Std. 15 Min.	–

Brione liegt am Zusammenfluss des Osolabaches mit der Verzasca. Mitten
im Ort steht ein schlossartiger, durch vier Ecktürme gekennzeichneter Bau
aus dem 17. Jh. Es ist das Castello dei Marcacci, ehemaliger Landsitz einer
herrschaftlichen Locarneser Familie. Die Kirche Santa Maria Assunta birgt

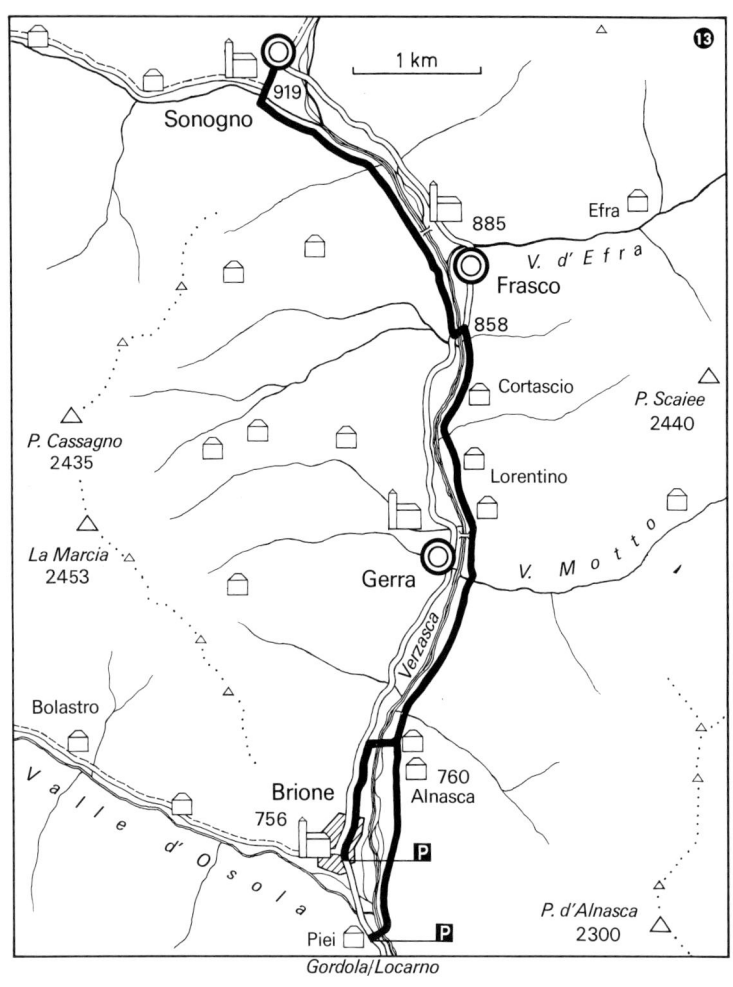

wertvolle Malereien aus dem 14. und 15. Jh. (u. a. Anbetung der Könige, Darstellung im Tempel, Taufe Christi, Einzug in Jerusalem). Bemerkenswert ist
auch die Kolossalfigur des hl. Christophorus unter der Vorhalle (14. Jh.).
Es ist zu empfehlen, die knapp 1 km unterhalb Brione liegende Fraktion *Piei*
als Ausgangspunkt zu wählen (Postauto-Haltestelle). Eine Brücke überquert
hier die Verzasca. Wir folgen dem linken Ufer und betreten bald die ausgedehnte Wiesenfläche von Alnasca. Wir können auch direkt von Brione aus
hierhergelangen, wenn wir etwa 1 km auf der Strasse Richtung Gerra zu-
rücklegen und auf einer Hängebrücke die Verzasca überqueren.
Unsere Route überwindet den nächsten Engpass, indem sie zuerst ziemlich
stark am Hang ansteigt, sich dann wieder senkt und den Seitenbach aus
dem Val Motto auf einer 1972 erbauten Hängebrücke überquert. Nach der
Hängebrücke, die nach *Gerra* hinüberführt, lassen wir eine kleine Häusergruppe rechts liegen, umgehen dem Ufer entlang einen Schuttkegel und
erreichen den Weiler *Cortascio,* wo noch ein alter Backofen am Weg steht.
Wieder einem Steilhang entlang wandern wir zur Strassenbrücke vor Frasco
(Pt. 858).
Hier wechseln wir ans rechte Verzascaufer hinüber. Uns gegenüber liegt nun
die Ortschaft **Frasco.** Sie war in früheren Jahrhunderten, als sich die Talschaft noch selbst versorgte, ein Zentrum kleiner industrieller Betriebe. An
einem Zweigkanal der Verzasca gab es mehrere Mühlen, eine Säge und eine
Flachsstampfe.
Bei der Einmündung des Redortabaches folgen wir diesem; denn erst ge-
genüber der Kirche führt uns eine Brücke nach **Sonogno** hinüber.
Das hinterste und höchstgelegene Dorf des Verzascatales liegt dort, wo die
beiden Quelltäler Val Vogornesso und Val Redorta sich vereinigen. Die 1854
im neuklassizistischen Stil erbaute Kirche enthält Werke des einheimischen
Künstlers Cherubino Patà (1827–1899). Vor Jahren wurde in Sonogno ein
Talmuseum eröffnet und der alte Gemeindebackofen wieder betriebstüchtig
gemacht. Durch die Einrichtung einer Wollzentrale versuchte man zudem,
eine traditionelle Handarbeit der einheimischen Frauen wieder zu fördern.

Wanderung auf dem ▷
Bedretto-Höhenweg mit
Blick auf die Kette des
Pizzo Rotondo (Route 5).

Auf unserem Weg in die Täler hinter Locarno gelangen wir zuerst in eine breite, von der Maggia und der Melezza durchzogene Ebene mit dem treffenden Namen Pedemonte, auf Deutsch ‹Fuss des Gebirges›. Die meisten Dörfer wie Tegna, Verscio und Cavigliano liegen auf der Sonnseite inmitten eines fruchtbaren Reb- und Gartenlandes, das der Agglomeration Locarno einen grossen Teil des täglichen Gemüse- und Obstbedarfes liefert.

Wir wenden uns nun zuerst dem Maggiatal zu. Haben wir den Orrido di Ponte Brolla, den wegen seiner glattgeschliffenen Felsen sehenswerten Engpass, hinter uns gelassen, betreten wir ein 25 km weit bis Bignasco reichendes, fjordähnliches Trogtal; auf dem 500 m breiten Talboden schlängeln sich mehrere Flussarme durch ihren eigenen Schutt. Zu einem grossen Teil sind heute die Kiesflächen mit Buschwerk und Wald bewachsen, so dass wir eine der schönsten und am urtümlichsten wirkenden Flusslandschaften der Schweiz vor Augen haben.

Die Kelten, vermutlich die ersten Siedler im Tal, brauchten für die Maggia (die Grosse) auch den Namen Leukara (die weiss Schäumende). Im Mittelalter war das Maggiatal den herrschaftlichen Mailänder Familien der Visconti und der Sforza untertan. Nach der Eroberung durch die Eidgenossen im Jahr 1512 wurde es zu einer eigenen Landvogtei. Die Wappen der Landvögte sind an der Fassade des Pretorio, des ehemaligen Vogteigebäudes, im Hauptort Cevio zu erkennen. Während der fast 3 Jahrhunderte dauernden eidgenössischen Herrschaft blieb die auf die Römerzeit zurückgehende demokratische Selbstverwaltung der Gemeinden weitgehend erhalten.

Zu Beginn des 19. Jh. führten unvernünftige Rodungen im oberen Maggiagebiet zu verheerenden Hochwassern. Wertvolles Kulturland wurde zugeschüttet und die Talschaft in eine Notlage gebracht, die mitschuldig war an der nun einsetzenden starken Auswanderungsbewegung. Allein in den Jahren 1850–1860 verliess ein Drittel der Männer das Tal.

Heute ist die einst so mächtige Maggia oft nur ein armseliges Rinnsal. Das Wasser wird in den oberen Talregionen in Staubecken gespeichert und durch lange Stollen zu den Zentralen der Maggiawerke geleitet. Diese brachten wohl etwas Verdienst ins Tal, doch man befürchtet auch negative Folgen, die der Wasserentzug auf Grundwasserspiegel und Vegetation haben könnte.

Die 1907 angelegte, jetzt durch einen Autobusbetrieb ersetzte Schmalspurbahn Locarno–Bignasco brachte wachsenden Touristenverkehr ins Maggiatal, das nicht nur landschaftliche Schönheiten, sondern auch hervorragende Kunstschätze aufweist. Erwähnt seien nur die 1525–1528 entstandenen Malereien in der Kapelle S. Maria delle Grazie bei Maggia und die Stukkaturen in der 1615 erbauten Kirche S. Maria del Ponte in Rovana bei Cevio. Wenden wir uns nun den beiden alpinen Quelltälern der Maggia zu, den sich bei Bignasco gabelnden Val Lavizzara und Val Bavona. Das grössere, von der Maggia selbst entwässerte Val Lavizzara verdankt seinen Namen den ‹laveggi›, jenen Töpfen, die hier ehemals aus dem weichen, geschmeidigen Lavezgestein gedrechselt wurden. Es ist ein ausgesprochenes V-Tal, dessen unterer Abschnitt so eng ist, dass die Dörfer Brontallo und Menzonio nur auf höher gelegenen Terrassen Platz fanden. Erst weiter taleinwärts findet man die Dörfer wie Broglio, Prato und Sornico auf dem Talgrund. In Sornico erinnert das alte Gerichtshaus, dass das Val Lavizzara zur Zeit der Landvögte einen eigenen Gerichtsbezirk bildete. Zweimal im Monat hatte der in Cevio residierende Landvogt sich nach Sornico zu begeben, um dort das Recht zu sprechen. In Peccia mündet von Westen her das gleichnamige Tal ein, in dem ein weisser Marmor von ausgezeichneter Qualität gebrochen wird. Hinter dem höchstgelegenen, möglicherweise von der Leventina aus besiedelten Dorf Fusio wird das Tal Val Sambuco genannt. Mit seinen teils natürlichen, teils künstlich aufgestauten Bergseen und seiner reichen Alpenflora ist dieses Quellgebiet der Maggia eine Landschaft von eigenartigem Reiz.

Das Bavonatal hat seinen Ursprung in dem grössten noch vergletscherten Gebiet des Tessins. Der Basodino- und der Cavagnoligletscher stossen mit ihren Eiszungen bis auf 2400 m hinunter. Das trogförmige, von senkrechten Bergwänden umschlossene und mit Felstrümmern übersäte Tal besitzt keine Dauersiedlungen. Die Sommerdörfchen gehören grösstenteils zur Gemeinde Cavergno (Ca d'inverno = Winterhaus). Über die hohe Stufenmündung des Val Calneggia, bei Foroglio, stürzt sich einer der schönsten Wasserfälle des Tessins.

Die Rovana, die bei Cevio zur Maggia stösst, entwässert die Täler von Campo und Bosco, deren alpiner Charakter den Besucher unwillkürlich ans Wallis oder ans Bündnerland erinnert. In Cerentino gabeln sich Tal und Strasse. Links geht es ins Campotal, dessen oberster Teil zu Italien gehört. Die Kernsiedlung Campo ist seit dem letzten Jahrhundert einer besonderen Gefahr ausgesetzt. Durch die Unterspülung der Rovana ist die Hangterrasse ins Rutschen geraten. Am Kirchturm wurde von 1892 bis 1950 eine vertikale Bewegung von 5,7 m und eine horizontale von 23 m festgestellt. Sämtliche Gebäude, unter anderem auch die von reichen Auswanderern erbauten Palazzi Pedrazzini, erlitten Schaden.

Das im Hintergrund des Val di Bosco liegende Bosco/Gurin, das höchstgelegene Dorf des Tessins, ist eine Walsergründung aus der 1. Hälfte des 13. Jh. Durch die Jahrhunderte hindurch konnte es seine altertümliche deutsche Sprache bewahren. Wir finden hier das von den Kolonisten eingeführte Gotthardhaus mit bergseitig aufgemauerter Küche und talwärts angelagerter, aus einem Blockbau bestehender Stube sowie die typischen, auf Stelzen mit Mäusesteinen errichtete Walliser Heustadel. Möbel, Geräte und Trachten – Zeugen der alten Walserkultur – werden in einem heimatkundlichen Museum aufbewahrt.

Centovalli (Melezza), Valle Onsernone (Isorno) und Valle di Vergeletto (Ribo) sind die drei südlichsten Täler, die zum Einzugsgebiet der Maggia gehören. In klammartigen Schluchten haben sich die Flüsse so tief eingeschnitten, dass sie von der Strasse aus meist unsichtbar sind.

Das bei Intragna in die Ebene des Pedemonte einmündende Centovalli wurde wegen seiner zahlreichen Nebentälchen schon im 12. Jh. ‹centum valles› genannt. Es nimmt nur den unteren, auf Schweizer Boden liegenden Drittel des Melezzalaufes ein; dessen Löwenanteil mit dem breiten Val Vigezzo sicherte sich Italien durch die 1803 unter Napoleon erfolgte Festlegung der Grenze. Eine etwa 200 m über dem Fluss verlaufende Strasse und die 1923 eröffnete, in Tunnels und kühnen Viadukten angelegte Schmalspurbahn Locarno–Domodossola erschliessen das Centovalli dem Verkehr. Auch in diesem Tal war der nutzbare Boden zu gering, um die Bevölkerung zu ernähren. Schon um 1500 setzte die Auswanderung ein, wobei die Männer der rechten Talseite vor allem als Lastenträger in Livorno, später als Rôtisseure in Florenz wirkten, während diejenigen der linken Talseite als Kaminfeger und Ofenbauer nach Österreich, Böhmen und Frankreich zogen. Einige kamen zu Wohlstand, wovon die in den meisten Centovalli-Dörfern vorhandenen Palazzi zeugen. Mit der Auswanderung nach Amerika gegen Ende des 19. Jh. entvölkerte sich das Tal immer mehr; so verlor z. B. Rasa in 100 Jahren 83% seiner Bevölkerung, und als es 1972 der Gemeinde Intragna angegliedert wurde, zählte es nur noch acht Einwohner.

Im Valle Onsernone ist nur die weniger geneigte Sonnseite besiedelt, und

Blick vom Gridone ins Centovalli. In der Tiefe erkennt man die Talstrasse nach Locarno und darüber die Kuppe des Pianascio.

die Dörfer liegen alle auf derselben sich gegen die Mündung senkenden Terrasse, das heisst auf den Überresten eines ehemaligen Talbodens. Schon vor dem Jahr 1000 fanden sich die Bewohner des Onsernonetales zu einer politischen Gemeinde zusammen, dessen Hauptort Loco war. Auswanderer aus Flandern brachten das Gewerbe der Strohflechterei ins Tal, das zu seiner Blütezeit fast alle Frauen und Mädchen beschäftigte, ein genügendes Auskommen sicherte und der Emigration entgegenwirkte. Daran erinnern die typischen zwei- bis dreistöckigen Häuser mit ihren Holzlauben, auf denen das Stroh getrocknet wurde. Als gegen Ende des 19. Jh. die japanische Konkurrenz mit ihren niedrigeren Preisen einsetzte, kam es rasch zum Niedergang dieser kleinen ländlichen Industrie. Heute werden Strohwaren wie Hüte, Taschen, Körbe, Untersätze nur noch vereinzelt für die Bedürfnisse des Fremdenverkehrs hergestellt. Ein Grossteil der Männer arbeitet als Tagespendler in der Agglomeration Locarno.

Ähnlich sind die Verhältnisse in dem vom Ribo entwässerten Seitental von Vergeletto, mit den beiden Dörfern Gresso und Vergeletto. Zudem besitzt dieses Tal ein ausgedehntes Alpgelände, so dass vor allem auswärtiges Vieh zum Sömmern übernommen wird.

14   Cevio–Morella–Lago di Sascòla

Bergtour mit beträchtlichem Höhenunterschied zu einem reizvollen, wenig bekannten Bergsee.

Fahrt mit Autobus   Locarno–Cevio
Fahrt mit Auto   Locarno–Ponte Brolla–Cevio 26 km
Parkplätze   In Cevio auf dem Dorfplatz und beim Beginn der Strasse nach Bosco/Gurin (rechter Hand)

Route	Höhe in m	Hinweg	Rückweg
Cevio 🚃	414	–	7 Std. 15 Min.
Morella	1124	2 Std. 10 Min.	5 Std. 45 Min.
Lago di Sascòla	1740	4 Std. 10 Min.	4 Std. 30 Min.
Rotonda	1268	5 Std. 15 Min.	2 Std. 50 Min.
Faido	700	6 Std. 40 Min.	50 Min.
Cevio 🚃	414	7 Std. 15 Min.	–

Cevio ist seit 1403 Hauptort des Bezirks Valle Maggia. Das Pretorio, an der weiträumigen Piazza gelegen, diente als Gerichtshaus den eidgenössischen Landvögten, deren Wappen und Inschriften an der Fassade erkennbar sind. Sie residierten während ihrer zweijährigen Amtszeit in der östlich anschliessenden, durch einen barocken Torbogen zugänglichen Casa Franzoni. In einem andern Patrizierhaus im nördlichen Dorfteil ist das sehenswerte heimatkundliche Museo Valmaggese untergebracht.
Auf der Strasse nach Campo und Bosco/Gurin begeben wir uns zum Weiler *Rovana,* am Eingang des Valle di Campo. Dort zweigen wir links zur Madonna del Ponte (auch Oratorio della Rovana) ab. Das Innere dieser 1615 erbauten frühbarocken Kirche zeichnet sich durch den Reichtum und die Qualität seiner Stukkaturen und Malereien aus. Nahezu siebzig Bilder stellen das Leben Marias und der Heiligen dar.
Auf der Brücke überqueren wir die Rovana, folgen einige Schritte dem Strässchen nach Boschetto und biegen kurz vor den Steinbrüchen scharf nach rechts ab. Der schön angelegte, bequeme Weg führt in zahlreichen Kehren aufwärts. Bei einer deutlich markierten Stelle verlassen wir die

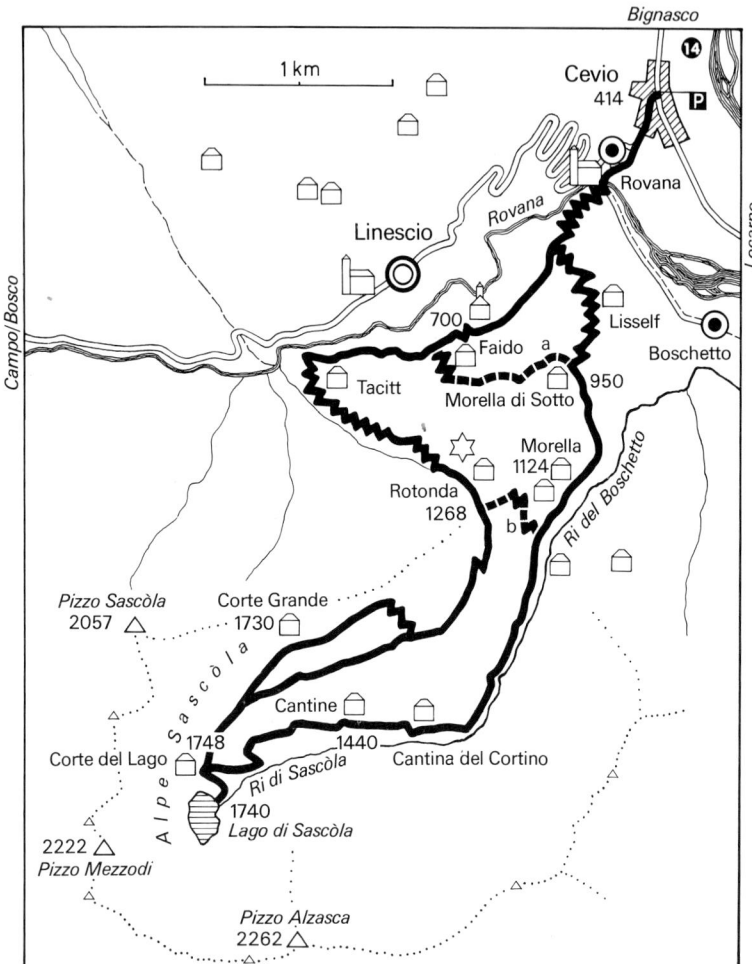

taleinwärts führende Route und wählen den links abzweigenden Alpweg nach Morella. Dieser windet sich weiter durch den Wald empor zu den Hütten von Lisself. Hier betreten wir den sich zwischen den Tälern der Rovana und des Ri del Boschetto erhebenden Rücken, dem wir aufwärts zum Maiensäss *Morella di Sotto* folgen. Nun zieht sich der Weg am Osthang in das Tal des Ri del Boschetto hinein. Bei der markierten Gabelung nach der zweiten Hüttengruppe von **Morella** halten wir rechts (der Weg links überquert das Tal und führt über Valle nach Costa). Unsere Route hält sich, nur schwach ansteigend, in der Nähe des Baches. Im Talhintergrund (Pt. 1300) wendet sich der schmale, aber gut markierte Pfad rechts aufwärts durch lichten Lärchenwald und Heidelbeergesträuch. Er durchquert die zwei kleinen Lichtungen von Cantina del Cortino und Cantine. Erst 200 m oberhalb der letzteren treten wir wieder aus dem Wald auf eine mit Steintrümmern übersäte Mulde hinaus. Die Markierung beachtend, queren wir nach links. Einige gut sichtbare, aus Steinplatten gefügte Stufen führen uns auf die Rippe vor der Bachrunse des Ri di Sascòla. Diese wird nicht überquert, sondern man folgt der Rippe steil aufwärts, um schliesslich nach rechts zu den Alphütten von *Corte del Lago* zu gelangen.

Wir erreichen den **Lago di Sascòla,** einen der schönsten Tessiner Bergseen, über den Wall, der ihn talwärts begrenzt. Der See liegt in einer im Hintergrund durch eine Felswand abgeschlossene Karnische und verdankt seine Entstehung wie die meisten alpinen Seen der Erosion durch einen lokalen Gletscher. Die Uferhänge sind mit Alpenrosengesträuch und vereinzelten Lärchen bestanden, die teilweise recht bizarre, für die Kampfzone typische Formen aufweisen.

Wir kehren zur Corte del Lago zurück, wo wir links abwärts halten, wiederum einer rot-weissen Markierung folgend. Die Route quert den Osthang des Pizzo Sascòla und gabelt sich bald in zwei markierte Varianten. Die obere steigt bis zum *Corte Grande* der Alpe Sascòla etwas an, führt zunächst als schmaler Pfad in gleicher Richtung fast ebenhin weiter, senkt sich dann in steilem Zickzack parallel zu einem Seitenbach, um sich schliesslich mit dem unteren Weg zu vereinigen. Der nun gut ausgeprägte Alpweg zieht sich weiter dem Hang entlang zum Maiensäss *Rotonda* hinab. Die vorgelagerte Kuppe gleicht einer hochgelegenen, aussichtsreichen Kanzel über den Tälern der Maggia und der Rovana.

Den Abstieg auf der Nordseite können wir nicht verfehlen, wenn wir an den untersten drei Hütten vorbei zum unteren Rand der Lichtung absteigen, wo der Einstieg in den Wald deutlich zu sehen ist. Über den äusserst steilen, von felsigen Schluchten durchfurchten Hang führt uns ein guter Weg in unzähligen Kehren sicher dem Talgrund der Rovana zu. Wir dürfen ihn aber auf keinen Fall verlassen. In der Tiefe liegt das aus mehreren Fraktionen bestehende Dorf Linescio.

Bei *Tacitt* steigen wir bis zu den unteren Hütten ab. Bei einer länglichen Hütte

verlassen wir den weiter absteigenden Weg und halten auf einem Pfad
ebenhin nach rechts. Wer diese (nicht markierte) Abzweigung verpasst,
muss bis kurz vor die nach Linescio hinüberführende Rovanabrücke absteigen und auf einem steilen Treppenweg wieder die verlorene Höhe gewinnen.
Von Scalà aus führt die markierte Route leicht ansteigend talauswärts. Über
Faido, eine heute nur noch als Maiensäss benützte ehemalige Fraktion von
Linescio, führt uns der schöne Hangweg nach Cevio zurück.

Abkürzungen
a) Morella di Sotto—Faido 30 Min.
b) Morella—Rotonda 25 Min.

15 Bosco/Gurin—Grossalp—Passo Quadrella

Bergwanderung über dem Talgrund von Bosco/Gurin. Schmaler Pfad zwischen Grossalp und Passo Quadrella. Trotz Markierung gutes Orientierungsvermögen erforderlich. Vorsicht bei Nebel!

Fahrt mit Auto und Postauto Locarno—Cevio (Autobus),
                                 Cevio—Bosco/Gurin (Postauto)
Fahrt mit Auto   Locarno—Cevio—Cerentino—Bosco/Gurin 41 km
Parkplatz   An der Strasse am Dorfeingang von Bosco/Gurin

Route	Höhe in m	Hinweg	Rückweg
Bosco/Gurin 🚍	1503	–	4 Std. 45 Min.
Grossalp	1907	1 Std. 15 Min.	3 Std. 50 Min.
Passo Quadrella	2137	3 Std.	2 Std. 20 Min.
Kumme	1855	3 Std. 35 Min.	1 Std. 30 Min.
Bosco/Gurin 🚍	1503	4 Std. 45 Min.	–

Bosco/Gurin, das höchstgelegene und einzige deutschsprachige Tessiner-
dorf, wurde im 13. Jh. vom Pomat (Formazzatal) her durch Walser, d. h. aus
dem Wallis ausgewanderte Bergbauern, gegründet. Im unteren Teil des sich

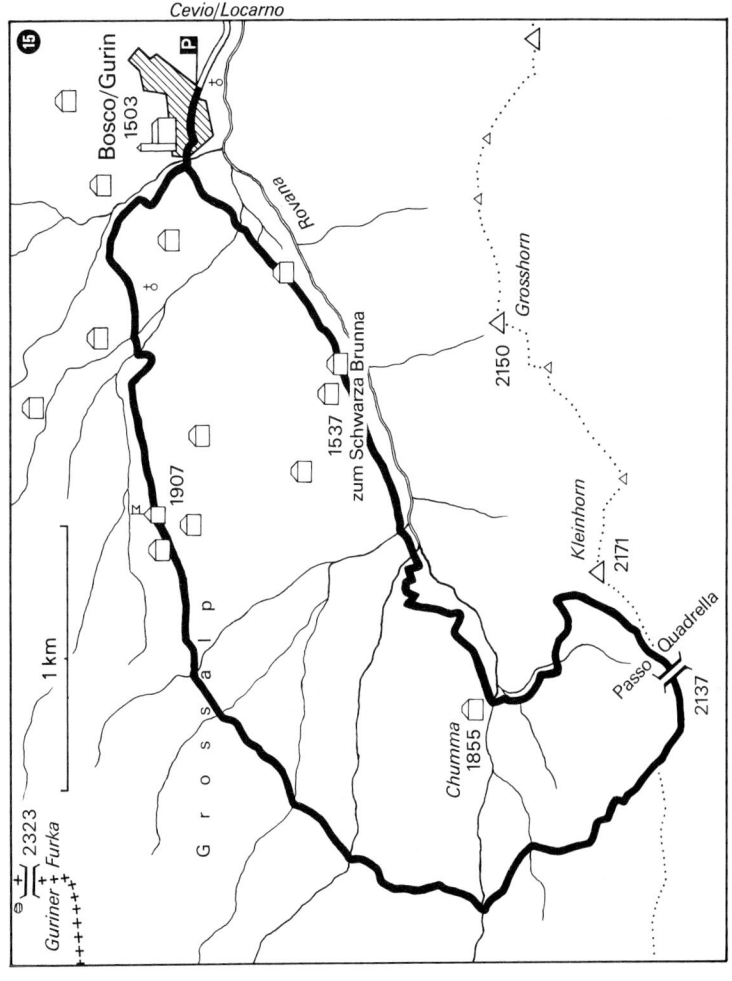

an einen gewaltigen Bergsturzhügel lehnenden Dorfes findet man noch das von den Walsern eingeführte, aus Holz und Stein bestehende Gotthardhaus sowie die typischen Walliser Heustadel auf Mäusesteinen, während die Steinbauten im Dorfzentrum erst nach den Lawinenkatastrophen im 18. Jh. entstanden. Im heimatkundlichen Museum ‹Walserhaus› werden kunstvoll verzierte Gebrauchsgegenstände der alten Guriner gezeigt. Die 1581 neu- oder umgebaute, im 17. Jh. barockisierte Pfarrkirche enthält in der südlichen Kapelle vorne ein geschnitztes Rokokoretabel mit beachtlicher Madonnen- statue.

Man kann den Aufstieg zur Grossalp entweder beim langgezogenen Stall westlich des Dorfes oder im oberen Dorfteil bei den Holzstadeln beginnen. Die beiden Varianten vereinigen sich bald, und nun führt uns der Weg durch lichten Lärchenwald schräg aufwärts. Weiter oben verläuft er kurz auf der Skipiste, berührt bei einer Kurve das neue Alpsträsschen, führt aber parallel zum Skilift weiter aufwärts und zieht sich dann links hinüber zur **Grossalp**. Dieses ausgedehnteste Weidegebiet des Boscotales ist seit 1971 ein belieb- tes, durch einen Skilift erschlossenes Wintersportgebiet. Die Klubhütte der UTOE-Sektion Locarno bietet Unterkunft für 25 Personen.

Von der Hütte aus steigen wir dem Hang entlang in südwestlicher Richtung an und folgen auf z.T. spärlichen Pfadspuren der rot-weissen Bergmarkie- rung. Nach einem flacheren Zwischenstück, auf dem mehrere Bäche über- quert werden, zieht sich die Route über ein markantes Felsband hinauf. Der Pfad steigt noch höher, um einige felsige Hangpartien zu umgehen, und erreicht den Grat auf Kote 2200 m bei einem Steinmännchen. Ein kurzer Ab- stieg bringt uns zur Einsattelung des **Passo Quadrella.**

Nach Süden blicken wir auf das durch Hangrutschungen bedrohte Dorf Campo und auf die höhergelegene Wiesenterrasse mit der Fraktion Cimal- motto hinab.

Der Abstiegsweg zieht sich zuerst unter dem Gipfel des Kleinhorns durch und senkt sich dann in einer Runse zum Talkessel der **Chumma** hinab. Über die nächste Talstufe absteigend, führt der gut markierte Weg am schönen Wasserfall der Rovana vorbei und mündet beim *Schwarza Brunna* in das Fahrsträsschen nach Bosco/Gurin.

16 Prato–Monti di Rima–Broglio

Wanderung am Hang des Val Lavizzara zu einem herrlich gelegenen Maiensäss und Rückkehr durch den Talgrund.

Fahrt mit Autobus und Postauto Locarno–Bignasco (Autobus),
Bignasco–Prato (Postauto)
Fahrt mit Auto Locarno–Bignasco–Prato 38 km
Parkplatz In Prato auf dem Platz bei der Maggiabrücke

Route	Höhe in m	Hinweg	Rückweg
Prato 🚌	742	–	2 Std. 20 Min.
Monti di Rima	1036	50 Min.	1 Std. 45 Min.
Broglio 🚌	703	1 Std. 30 Min.	45 Min.
Prato 🚌	742	2 Std. 20 Min.	–

Prato besitzt einige stattliche Bürgerhäuser, die von einst angesehenen einheimischen Familien erbaut wurden. Die Pfarrkirche SS. Sebastiano e Rocco enthält u. a. eine schöne Barockkanzel aus dem 17. Jh. Interessant ist vor allem das nur wenige Minuten entfernte Nachbardorf Sornico. In diesem ehemaligen Hauptort der Talschaft Lavizzara hielt der eidgenössische Landvogt zweimal monatlich Gericht. An einer Hausmauer ist noch ein Pranger mit Kette und Halseisen zu sehen. Die Casa Moretti (17. Jh.) weist an der Fassade das eidgenössische Standeswappen auf. Die 1372 erwähnte Pfarrkirche San Martino birgt einen spätgotischen Kruzifixus aus dem 15. Jh., Apostelfresken aus dem 16. Jh. und beachtliche Chorstukkaturen aus dem 17. Jh.
Vom Parkplatz in Prato aus überqueren wir die Maggiabrücke und steigen beim Wegweiser in den bewaldeten Hang ein. Der schattige Weg windet sich gemächlich empor und führt an einer Felsbalm vorbei, unter deren Schutz eine kleine Kapelle steht. Bald treten wir auf die ausgedehnte Wiesenterrasse der **Monti di Rima** hinaus und folgen dem geteerten Strässchen bis zu seinem Endpunkt bei der Kapelle.
Auf diesem Maiensäss, das mit 22 ha ebensoviel Kulturland wie das Taldorf aufweist, sollen früher alle Familien aus Broglio während jährlich zehn Monaten gewohnt haben. Die wenigen Familien, die heute noch die Monti

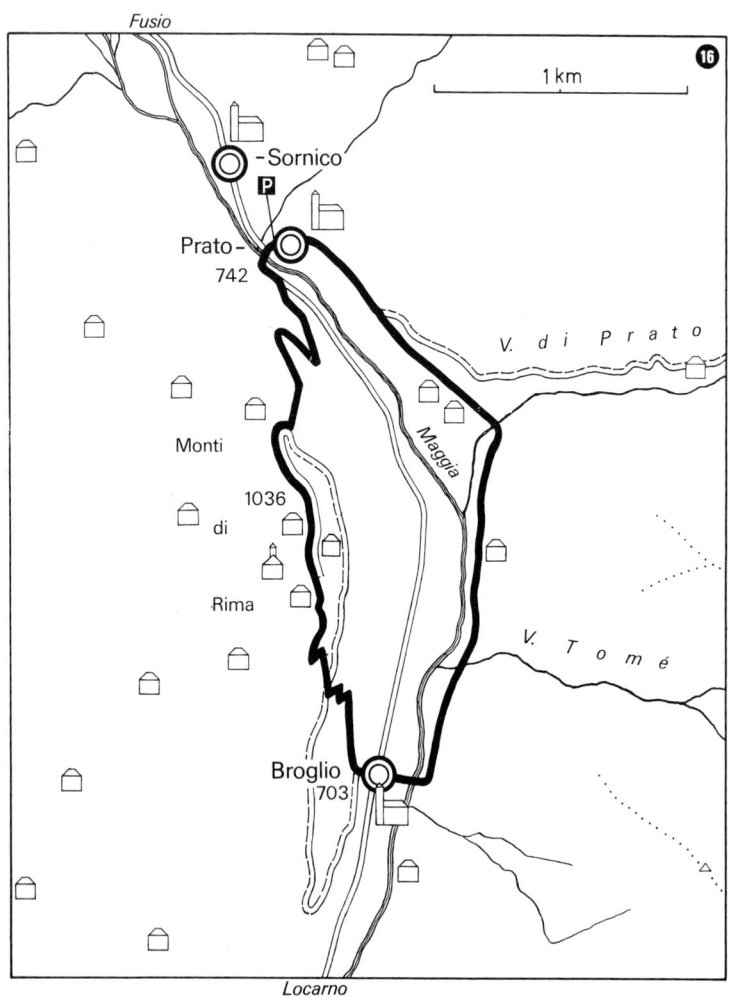

Bosco/Gurin, das deutschsprachige Walserdorf im oberen Rovanatal (Route 15).

aufsuchen, verweilen jeweils vom November bis Januar zur Fütterung hier oben. Einige Holzhäuser und Stadel mit den typischen Mäuseplatten zeigen walserischen Einfluss. Die Kapelle S. Maria delle Grazie wurde um 1600 erbaut und im 18. Jh. erweitert. Durch den Einschnitt des Valle di Prato öffnet sich der Blick auf die Campo-Tencia-Gruppe.

Von der Kapelle aus folgen wir in südlicher Richtung dem zwischen zwei Mäuerchen verlaufenden Weg. Er tritt bald in den Wald ein, führt an mehreren Wegkapellen vorbei, kreuzt einmal das Fahrsträsschen und senkt sich in weiten Kehren nach **Broglio.**

Dieses Dorf ist Heimat des bekannten Tessiner Erzählers Giuseppe Zoppi (Gedenktafel am Geburtshaus) und des Historikers Eligio Pometta. Die 1622 durch die Orelli erbaute Casa Pometta zeichnet sich durch den schmucken Innenhof und die originelle Bemalung aus.

Bei der Osteria Zoppi halten wir rechts abwärts und steigen über einen Treppenweg zur Maggiabrücke hinunter. Am linksseitigen Hang folgen wir dem ‹sentiero panoramico›, der nach der Überquerung des Seitenbaches Ri di Tomè sich zur Häusergruppe und zur Kapelle Vedla senkt. Die Route überquert den Seitenbach aus dem Val di Prato und mündet in das aus dem Tal herausführende Strässchen, auf dem wir nach Prato zurückkehren.

17   Fusio–Lago di Mognòla–Canà

Ein reizvoller Bergsee im oberen Val Lavizzara ist das Ziel dieser Wanderung.

Fahrt mit Autobus und Postauto   Locarno–Bignasco (Autobus),
                                       Bignasco–Fusio (Postauto)
Fahrt mit Auto   Locarno–Fusio 46 km
Parkplatz   In Fusio an der Umfahrungsstrasse

Route	Höhe in m	Hinweg	Rückweg
Fusio 🚌	1289	–	4 Std. 35 Min.
Lago di Mognòla	2003	2 Std. 30 Min.	2 Std. 50 Min.
Canà	2079	2 Std. 55 Min.	2 Std. 30 Min.
Fusio 🚌	1289	4 Std. 40 Min.	–

Als oberstes Dorf des Lavizzaratales ist **Fusio** Ausgangspunkt früher öfters begangener Wege über den Passo di Naret, den Passo Sassello und den Passo di Campolungo nach dem Tessintal. Im Krieg von Giornico (1476) hielt ein Zane da Fusio, Kommandant der Valmaggeser Truppen, diese strategisch wichtigen Übergänge besetzt. 1799 zog eine Abteilung der russischen Armee durch das Dorf. Bei der Brücke steht noch heute das alte Gasthaus der Familie Dazio, vermutlich ein ehemaliges Zollgebäude. Die Wohnhäuser von Fusio, die sich am Steilhang über der Maggia um die Kirche scharen, tragen südländisches Gepräge, die Ställe und Scheunen im hintern Dorfteil sind jedoch aus Holz gebaut; dies zeigt, dass sich hier tessinische und innerschweizerische, über den Campolungopass eingedrungene Bauweise begegnen. Die 1667 umgebaute barocke Pfarrkirche Santa Maria weist eine reliefgeschnitzte Türe von 1669 auf. Säulen und Weihwasserbecken sind aus einheimischem Marmor.

Wir durchqueren den nördlichen Dorfteil, überschreiten die Maggiabrücke und folgen etwa 100 m der Strasse. Bei einer rötlichen Kapelle zweigen wir rechts ab und steigen auf einer Abkürzung zur Strasse nach dem Sambuco-Stausee hinauf. Wir verlassen sie bei der ersten scharfen Linkskurve, um auf einem gemächlich ansteigenden Natursträsschen dem Hang entlang talauswärts zu wandern. Bei der Linkskurve in *Vacarisc di fuori* zweigt unser weiss-rot-weiss markierter Fussweg ab. Erst oberhalb des länglichen

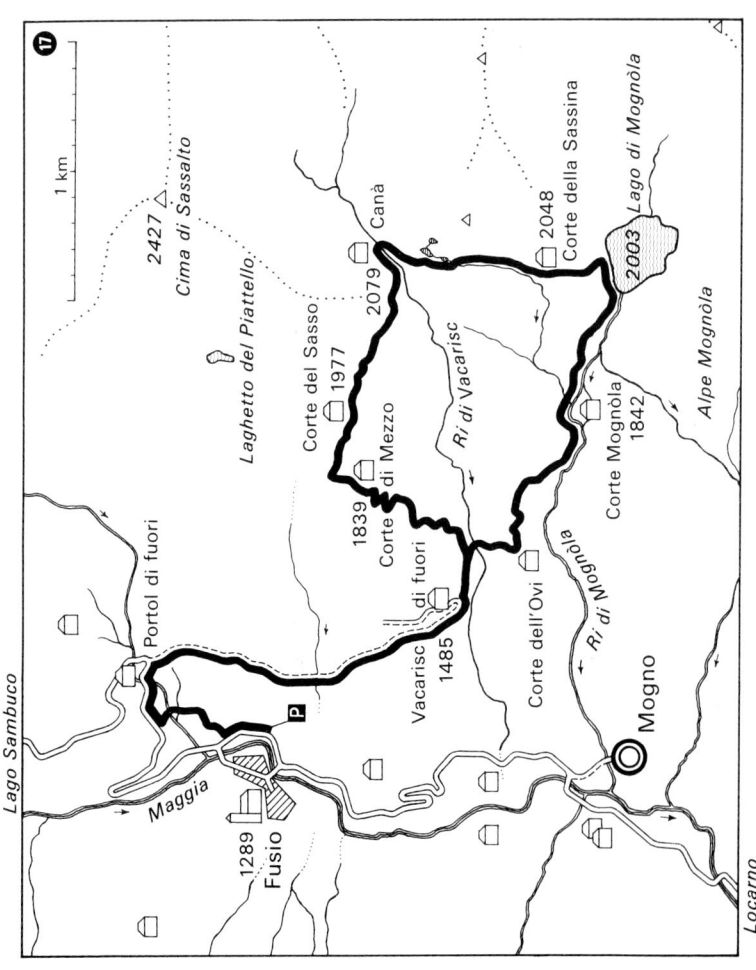

Gebäudes halten wir nach rechts und überqueren den Bach auf einem Brücklein. Durch Wald führt unsere Route zu dem auf einem Vorsprung gelegenen Maiensäss *Corte dell'Ovi* hinauf. Der weitere Aufstieg erfolgt über die Rippe oberhalb der Hütten, wobei wir etwas links gegen den Waldrand halten. Weiter oben nähert sich der steile Pfad allmählich dem Bergbach Ri di Mognòla und zwängt sich durch einen kurzen Engpass zum schönen, weiten Alpboden der *Corte Mognòla* hinauf.

Die Alp bestand ehemals aus zwei Teilen, der Corte di dentro und der Corte di fuori. Die noch teilweise erhaltene Trennungsmauer folgt ungefähr dem Lauf des Bächleins. Heute sind die Alpen Mognòla und Vacarisc zusammengelegt und werden mit etwa 45 Rindern und 80 Ziegen bestossen.

Wir halten nun auf die zwischen lockeren Lärchenwaldstreifen ansteigende Schneise zu. Über diese führen uns spärliche Pfadspuren aufwärts (Markierung beachten!). Schliesslich hält der wieder deutlicher sichtbare Pfad rechts auf den schönen Wasserfall des Ri di Mognòla zu und erreicht den **Lago di Mognòla.** Der Bergsee weist eine Oberfläche von 50 000 m^2 auf und liegt in einer von einem eiszeitlichen Gletscherchen gebildeten Karnische, die im Hintergrund von Schutt- und Felshängen begrenzt ist.

Wir halten nun links aufwärts zu dem Rücken nördlich des Sees, auf dem sich die kleine Hütte von *Corte della Sassina* befindet. Ein Pfad führt nun dem Hang entlang leicht abwärts. Wir gelangen nun in eine ausgeprägte Mulde, auf deren linken Seite wir auf deutlichen Pfadspuren ansteigen. Von der Anhöhe über dem kleinen See ist im Westen der Gipfel des Basodino und der obere Teil des gleichnamigen Gletschers zu erkennen. In gleicher Richtung steigen wir zum Bächlein Ri di Vacarisc hinab, das wir überqueren, um zur Alphütte **Canà** (auch als ‹Gana› bezeichnet) zu gelangen.

Ein schöner Weg führt uns nun talauswärts. Wir treffen noch auf Spuren der alten steinernen Wasserleitung nebst der neuen Rohrleitung. Bald geht es zum grossen Alpgebäude von *Corte del Sasso,* einem Stafel der Alp Vacarisc, hinunter, wobei wir einen eindrücklichen Tiefblick auf den Sambuco-Stausee geniessen. Der Abstieg wird nun recht steil und führt über eine Rippe hinab. Unterhalb der Hütte von *Corte di Mezzo* dringt der weiss-rot-weiss markierte Weg allmählich in den lockeren Lärchenwald ein. Beim länglichen Alpgebäude in *Vacarisc di fuori* stossen wir wieder auf unsere Aufstiegsroute, auf der wir nach *Fusio* zurückkehren.

18   Intragna–Calascio–
Monte di Comino

Wanderung über die Höhen zwischen Centovalli und Valle Onsernone, mit
eindrücklichen Tiefblicken in die beiden Täler.

Fahrt mit Centovalli-Bahn	Locarno–Intragna
Fahrt mit Auto	Locarno–Ponte Brolla–Intragna 10 km
Parkplätze	Bei der Bahnstation (gebührenpflichtig) und bei der Strassenkurve gegenüber dem Ristorante del Campanile

Route	Höhe in m	Hinweg	Rückweg
Intragna 🚂 🚠	339	–	5 Std. 20 Min.
Pila 🚠	590	40 Min.	4 Std. 50 Min.
Calascio	1013	1 Std. 50 Min.	4 Std.
Dröi	1200	2 Std. 30 Min.	3 Std. 30 Min.
Madonna della Segna	1166	3 Std. 10 Min.	2 Std. 55 Min.
Monte di Comino	1138	3 Std. 20 Min.	2 Std. 45 Min.
Intragna 🚂 🚠	339	5 Std. 20 Min.	–

Der Name **Intragna** (inter amnes = zwischen den Flüssen) weist auf die Lage
des Ortes zwischen den tief sich einschneidenden Flüssen Melezza und
Isorno hin. Gräberfunde beweisen, dass der Bergsporn schon zur Römerzeit
besiedelt war. Die 1722–1738 erbaute Pfarrkirche San Gottardo enthält
Gewölbefresken der Meister G. Pedrazzi und G. A. Vanoni (1860). Wahrzeichen des Dorfes ist der Glockenturm, mit 70 m der höchste im Tessin.
Wir steigen durch den alten Dorfkern empor und wenden uns rechts gegen
die kleine Kirche am oberen Dorfende. Auf ihrer Nordseite beginnt der alte
gepflasterte Saumweg, der in mehreren Kehren nach *Pila* aufsteigt. Durch
die am Steilhang klebende, seit 1954 durch die Seilbahn Intragna–Pila–
Costa erschlossene Fraktion steigen wir bis zu dem seit langem geschlossenen Schulhaus am oberen Ende der Siedlung hinauf, wo wir uns nach rechts
wenden. Bei der Kapelle, die den alten Saumweg nach dem Onsernonetal
überdacht, müssen wir links abzweigen.
In weiten Kehren führt uns nun der meist untermauerte Weg zu den steilen
Wiesenhalden von Cremaso empor. Die bewaldeten Hänge über dem Riale

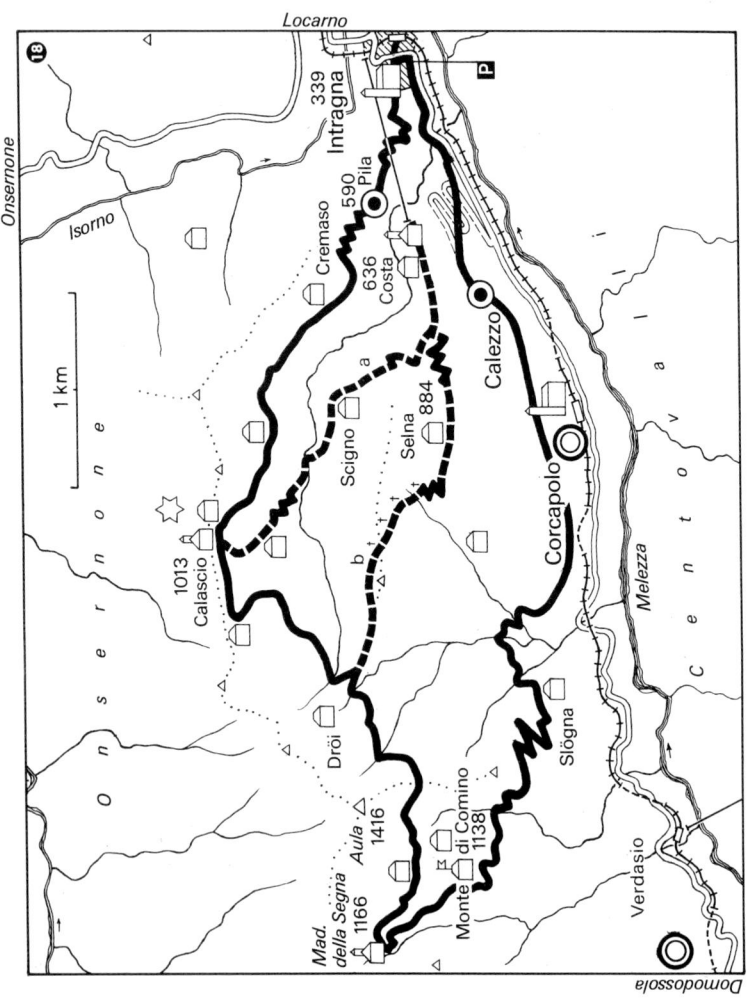

di Mulitt querend, erreichen wir in angenehmer, gleichmässiger Steigung den Sattel von **Calascio**. Die Anhöhe hinter dem Bergkirchlein vermittelt einen überraschenden Tiefblick ins vordere Onsernonetal mit den Dörfern Berzona und Loco.

Von der Kapelle aus folgen wir dem ebenhin verlaufenden Weg zum südlichen Rand der Lichtung und überqueren den Bach, um gleich danach rechts aufwärts abzuzweigen. Unsere Route berührt kurz die oberste Lichtung und biegt allmählich nach Westen ab. Der schmale, auf- und absteigende Pfad traversiert die steilen Hänge von Driascio. Auf dem Grätchen unterhalb der Lichtung von *Dröi* gehen wir einige Schritte abwärts und halten rechts zu einer Bachrunse hinab. Nach einer Gegensteigung von knapp 100 m biegt der Weg links ab und durchquert die felsigen, von Schluchten durchzogenen Südhänge der Aula: eine eindrückliche Wegpartie mit grossartigem Tiefblick ins Centovalli (Vorsicht!).

Schliesslich tritt unsere Route auf ausgedehnte Wiesenhänge hinaus und wendet sich dem markanten Einschnitt von Pian Segna zu. Hier, auf dem Übergang vom Centovalli ins Onsernonetal, steht das aus dem 15. Jh. stammende Kirchlein der *Madonna della Segna,* bei dem sich früher die Bewohner der beiden Täler alljährlich zu einer schlichten Feier trafen. Es enthält ein Fresko aus dem 16. Jh., die ‹Vergine miracolosa› darstellend.

Unsere Route biegt in spitzem Winkel nach Südosten ab und durchquert die Wiesenhänge des **Monte di Comino**. Nach dem Ristorante ‹Al Riposo romantico› beginnt der Abstieg. Der in vielen Windungen angelegte Weg durchquert mehrere Wildbachrunsen und zieht sich allmählich talauswärts. Auf einem neueren Strässchen erreichen wir die Strassengabelung westlich von *Calezzo*. Wir durchqueren den Ort und wählen die rechts abwärts führende Abkürzung. Sie schneidet einige Kehren und mündet vor der Brücke über den Riale di Mulitt, eingangs **Intragna,** in die Centovalli-Strasse.

Abkürzungen   a) Costa (Seilbahn)–Scigno–Calascio
                              1 Std. 10 Min.
                         b) Costa (Seilbahn)–Selna–Dröi 1 Std. 30 Min.

19   Tegna–Castello–Ponte Brolla

Kurze Halbtageswanderung, die zu einem schönen Aussichtspunkt und zu
Überresten einer wenig bekannten Burganlage führt.

Fahrt mit Bahn	Locarno–Tegna
Fahrt mit Auto	Locarno–Ponte Brolla–Tegna 6 km
Parkplatz	In Tegna südlich des Dorfplatzes (zwischen Post und Kirche)

Route	Höhe in m	Hinweg	Rückweg
Tegna 🚌 🚃	254	–	1 Std. 45 Min.
Castello	529	50 Min.	1 Std. 15 Min.
Ponte Brolla 🚌 🚃	254	1 Std. 35 Min.	10 Min.
Tegna 🚌 🚃	254	1 Std. 45 Min.	–

Die Pfarrkirche S. Maria Assunta in **Tegna** wird im 14. Jh. als Kapelle
erwähnt. Sie enthält bemerkenswerte Stukkaturen aus dem 17. Jh. Eigen-
artig ist die freistehende Lage des Campanile westlich der Kirche. Der Turm-
schaft stammt vermutlich aus dem 16. Jh. Erwähnenswert sind auch das
Pfarrhaus (nördlich des Turmes) und das Ristorante alla Cantina mit
zweigeschossigen Säulenarkaden auf der Südseite (vermutlich 2. Hälfte
17. Jh.).
Beim Dorfplatz, gegenüber dem Ristorante alla Cantina, wählen wir ein
schmales, gepflastertes Gässchen, das bald in den alten, mit Platten belegten Weg zur Madonna delle Scalate (auch Oratorio S. Anna) übergeht. Wir
steigen aber nicht bis zum Kirchlein auf, denn bei einem markanten Felsblock, der links am Weg steht, zweigt unsere Route rechts ab (Aufschrift beachten!). Der Pfad ist unter dem wuchernden Farnkraut anfänglich schwer
erkennbar, wird aber zusehends besser. Er quert den bewaldeten Hang
zuerst fast ebenhin in östlicher Richtung und zieht sich dann zur Hüttengruppe und zum Sattel der *Forcola* hinauf. Kurz davor zweigt rechts der
kurze, aber steile Abstecher zum breiten Felskopf des **Castello** ab. Vor allem
vom südöstlichen, felsigen Vorsprung aus geniessen wir einen freien Ausblick über Pedemonte und Maggiadelta zum Lago Maggiore und ins Centovalli hinein.

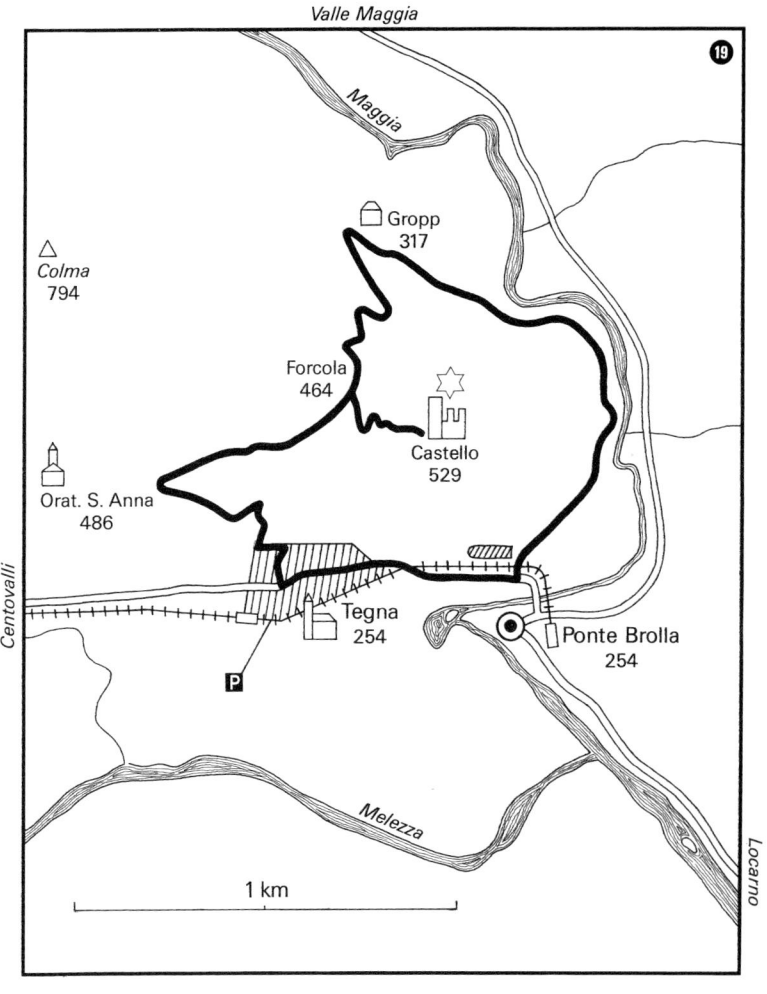

Auf dem 300 m über der Talsohle liegenden Plateau, das heute vollständig mit Farnkraut überwuchert ist, stiess man 1938 bei Schürfarbeiten auf prähistorische Keramik, römische Ziegel, metallene Gegenstände sowie einige Mauerreste. 1941–1945 durchgeführte Grabungen führten zur Freilegung der Fundamente von verschiedenen Bauten aus der Römerzeit: quadratisches Hauptgebäude mit Binnenhof, grosse, durch eine Pfeilerarkade unterteilte Zisterne, Sodbrunnen, Reste von Umfassungsmauern und Türmen. Während die ältesten Teile vermutlich Ende 4. Jh. entstanden sind, dürfte der Vollausbau der schon stark an frühmittelalterliche Fliehburgen erinnernden Festung im 5. oder 6. Jh. erfolgt sein. Zum Teil mutwillig zerstört und von wuchernder Vegetation verdeckt, befinden sich diese interessanten Zeugen einer fernen Vergangenheit heute leider in sehr verwahrlostem Zustand. Nordwestlich des Hauptgebäudes, auf dem höchsten Punkt des Bergrückens, sind noch Fundamentreste einer kleinen mittelalterlichen Burg zu sehen. Nachgewiesen sind zwei kleine Türme, ein Innenhof, ein kleineres Gebäude, eine Ringmauer sowie der Zugang. Die militärische Bedeutung der verschiedenen Festungsanlagen ist offensichtlich, konnte doch von hier aus der Ausgang des Maggiatales in die Ebene des Pedemonte leicht kontrolliert werden.

Wir kehren zur Forcola zurück und überschreiten die Einsattelung in nördlicher Richtung. Der Abstieg ins Maggiatal ist anfänglich sehr steil und folgt einer bewaldeten Mulde. Das Weglein ist zunächst wenig ausgeprägt, so dass wir auf die gelben Markierungszeichen achten müssen. In einer weiten Schleife taleinwärts senkt es sich schliesslich zum Talboden, den wir bei der Hüttengruppe von *Gropp* betreten. Ein sehr schöner, zwischen zwei hohen Trockenmauern verlaufender Weg führt uns talauswärts. Er mündet bald in einen geteerten Fussweg, der kurz vor **Ponte Brolla** in ein Strässchen übergeht.

Das am Eingangstor des Maggiatales gelegene, seit jeher beliebte Ausflugsziel wird von Feinschmeckern seiner Grotti wegen gerne aufgesucht. Die im Anschluss an die Eiszeit durch eine Moräne abgedrängte Maggia zwängt sich hier durch eine sehenswerte, auf schmalem Weglein begehbare Schlucht, den Orrido di Ponte Brolla.

Auf dem Trottoir der Strasse Richtung Centovalli kehren wir in kurzer Zeit nach **Tegna** zurück.

20 Comologno–Alpe Saléi–Pilone–Spruga

Bergtour auf einen wenig begangenen Gipfel an der italienischen Grenze. Mitnahme einer genauen Karte und gutes Orientierungsvermögen erforderlich.

Fahrt mit Postauto	Locarno–Comologno
Fahrt mit Auto	Locarno–Ponte Brolla–Cavigliano– Comologno 33 km
Parkplatz	In Comologno an der Hauptstrasse

Route	Höhe in m	Hinweg	Rückweg
Comologno 🚌	1085	–	5 Std. 30 Min.
Alpe Saléi	1777	2 Std.	4 Std. 10 Min.
Pilone	2191	3 Std. 15 Min.	3 Std. 20 Min.
Alpe Pesced	1778	4 Std.	2 Std. 10 Min.
Spruga 🚌	1113	5 Std. 10 Min.	20 Min.
Comologno 🚌	1085	5 Std. 30 Min.	–

Comologno, mit seinen Fraktionen Spruga, Curbèla und Vocaglia auf einer Terrasse hoch über dem Isorno gelegen, erhielt sein Gepräge durch die im 17. Jh. nach Frankreich ausgewanderte, zu hohen Ämtern und Reichtum gelangte Familie Remonda. Ihr berühmtester Vertreter, Carlo Francesco Remonda (1761–1847), war General im Dienste Napoleons. Die Familie hinterliess nebst anderen Gebäuden den herrschaftlich ausgestatteten Palazzo della Barca (erb. 1770). Sehenswert sind auch die Kirche und der dreieckige, in den Berghang eingekerbte, von Kapellen umgebene Friedhof.
Unser Weg beginnt wenige Schritte nach der Post, führt unter der das Dorf beherrschenden überhängenden Felswand durch und über steile Heuwiesen empor. Nach einer kurzen Querung nach rechts halten wir links auf eine kleine Hüttengruppe und auf einen Felskopf zu. Von hier aus steigen wir direkt aufwärts zum Maiensäss *Ligünc.*
Wenige Meter über der obersten, am Rande des Val Lavadina stehenden Hütte dringt ein grasbedeckter Weg zuerst fast ebenhin in den Lärchenwald ein, der den Westhang des Tälchens bedeckt. Später überqueren wir eine

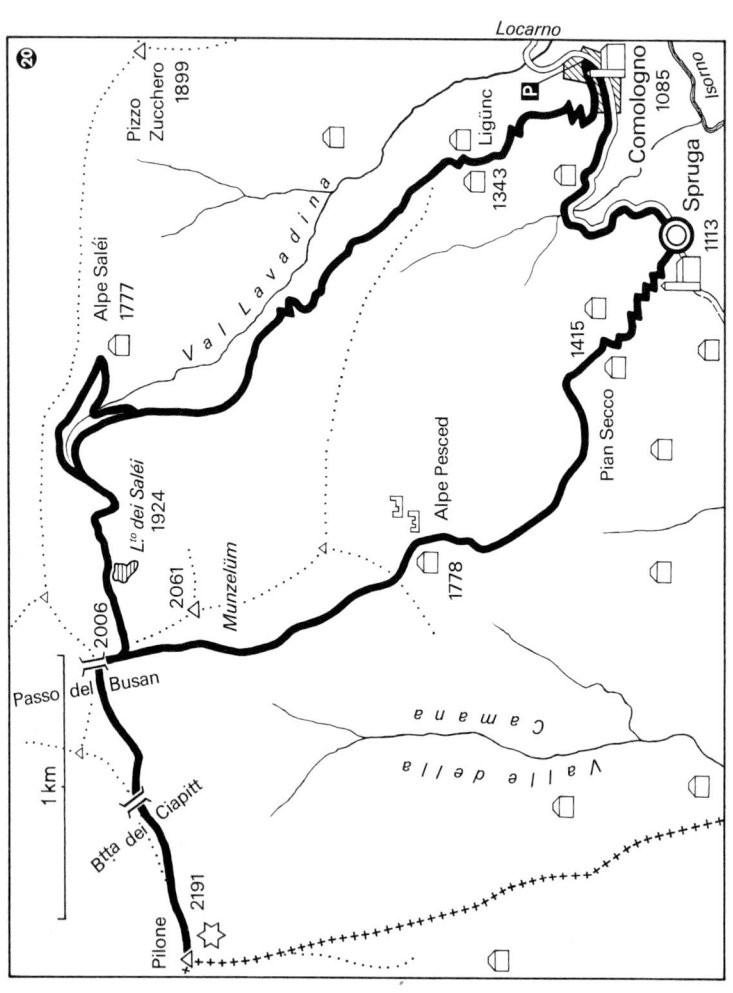

Runse und erklimmen den jenseitigen, sich bald verbreiternden Hang. Allmählich biegt der Pfad nach rechts um und folgt einer breiten, sanft ansteigenden Geländeterrasse. Bei einer Gabelung leitet uns die Markierung
rechts über den Bach zu der in den letzten Jahrzehnten nur noch unregel-
mässig bestossenen, dem Patriziat Onsernone gehörenden **Alpe Saléi**, in
schöner Lage auf dem Rücken zwischen Onsernone- und Vergelettotal.
Unsere Route wendet sich nun nach Nordwesten und biegt allmählich nach
links in eine ausgeprägte Mulde ein. Über eine Steilstufe erreichen wir eine
Karmulde, in welcher das Bergseelein *Laghetto dei Saléi* eingebettet liegt.
In westlicher Richtung ersteigen wir pfadlos den Sattel zwischen dem vor-
gelagerten Munzelüm und dem sich im Hauptkamm öffnenden *Passo del
Busan,* dem wir uns nun zuwenden. Ein schmaler, aber deutlicher Pfad quert
von hier aus den Hang in westlicher Richtung, berührt eine weitere Grat-
lücke, die *Bocchetta dei Ciapitt,* und führt uns auf den Gipfel des **Pilone** an
der italienischen Grenze.
Nebst einer hervorragenden Fernsicht bietet er uns einen interessanten Ein-
blick ins Vergelettotal und den italienischen Talhintergrund des Isorno. Die
Alprechte auf dieses Gebiet waren 1406 von der Gemeinde Onsernone den
Leuten aus Craveggia im Val Vigezzo verkauft worden. Da es in der Folge
öfters zu Streitigkeiten kam, wurde 1806 ein Vertrag zwischen der Schweiz
und Italien unterzeichnet, der den Oberlauf des Isorno bis zur warmen
Quelle, wo später das heute zerfallene Bäderhotel (Bagni di Craveggia) entstand, endgültig der Gemeinde Craveggia zuerkannte.
Auf den Sattel unterhalb des Passo del Busan zurückgekehrt, queren wir die
Westhänge des Munzelüm zur *Alpe Pesced.* Zuerst in der Fallinie des Han-
ges, auf schwach ausgeprägtem Pfad, dann nach links in den Lärchenwald
einbiegend, führt unsere Route zum Maiensäss Pian Secco und auf steilen,
gewundenen Wegen nach **Spruga** hinab. Zahlreich sind hier, in der höchstgelegenen Siedlung des Onsernonetales, die charakteristischen Lauben aus
Lärchenholz, die zum Trocknen des Strohs an der Vorderfront der Häuser
angebracht wurden. Auf der Talstrasse kehren wir nach Comologno zurück.

Auf der Fahrt nach dem südlichsten Zipfel des   ▷
Tessins leitet uns die Autobahn über den Damm
von Melide. Im Hintergrund der Monto Generoso.

In der Bergkette, die im Süden steil aus der Magadinoebene aufragt und als deren Eckpfeiler der M. Tamaro und der M. Camoghè gelten können, befindet sich eine verkehrsgeographisch wichtige, für die Entwicklung des Tessins bedeutsame Senke: der Monte Ceneri. Dieser Passübergang trennt das Sopraceneri im Norden vom Sottoceneri im Süden. Während das Sopraceneri, ganz im Bereich der Urgesteine Granit und Gneis liegend, vorwiegend eine schroffe alpine Landschaft ist, erleben wir im Sottoceneri mit seiner vielfältigeren geologischen Unterlage – Gneis, Kalk, Porphyr – den allmählichen Übergang zu einer vielfältigeren, lieblicheren Berg- und Hügellandschaft. Eine erste Gliederung ist durch drei fast parallel nach Süden absinkende, in den Luganersee mündende Täler gegeben: das Vedeggiotal in der Mitte, das Cassaratetal im Osten und das Malcantone im Westen. Vom Monte Ceneri herkommend, betreten wir bei Rivera das Vedeggiotal. Der Fluss hat an dieser Stelle bereits seinen Oberlauf durch das südwestlich verlaufende Val d'Isone hinter sich. Mit seinen beiden am sonnseitigen Hang liegenden Dörfern Medeglia und Isone hat es die Eigenart, seit 1499 zur Grafschaft, später zum jenseits der Wasserscheide liegenden Distrikt Bellinzona zu gehören. Das nun vor uns liegende breite Vedeggiotal wurde weitgehend von einem Arm des Tessingletschers geformt, der die Schwelle des Monte Ceneri überfloss und sich weiter südwärts durch den Agno-Arm des Luganersees fortsetzte. Während die meisten alten Dörfer des Vedeggiotales leicht erhöht am Hangfuss liegen, haben sich längs der Strasse und in Bahnhofnähe neuere Quartiere entwickelt. Ein typisches Strassendorf ist zum Beispiel Rivera geworden, das heute zudem Ausgangspunkt der Gondelbahn zur Alpe Foppa am Monte Tamaro ist. Als breites Band zieht sich heute die Autobahn N2 durch das Vedeggiotal. So wird meist in grosser Eile eine Gegend durchmessen, die viel Sehenswertes zu bieten hätte, wie etwa die noch vorwiegend bäuerlichen Dörfer mit ihren Gässchen und Plätzen oder die kunstgeschichtlich bedeutende, ins 11. Jh. zurückgehende Kirche S. Mamete bei Mezzovico. Bei der Einmündung des Vedeggio in den Luganersee liegt Agno, früher ein wichtiger Umschlagplatz. Vor dem Bestehen fahrbarer Strassen, und vor allem vor dem Bau des Dammes von Melide, setzte sich von hier aus der Güterverkehr nach Italien zu Wasser bis Porto Ceresio oder Riva San Vitale fort. Alljährlich vom 8. bis zum 10. März findet in Agno das Schutzheiligenfest, die Fiera di San Provino, statt, ein eigentliches Volksfest für das ganze Luganese.

Zwischen den Tälern des Vedeggio und des Cassarate liegt das Hügelland der Capriasca. Durch die reichen Moränenablagerungen ist es ausserordentlich fruchtbar und dicht besiedelt. In einem Zungenbecken, das ein vom Vedeggiotal abzweigender Ast des Tessingletschers gebildet hatte, liegt der Origliosee. Kirchlicher Mittelpunkt der Pieve Capriasca, die einst die Dörfer bis ins Val Colla zu einer einzigen Gemeinde zusammenfasste, war Ponte Capriasca. Es birgt in seiner Pfarrkirche ein hervorragendes Kunstwerk, eine zeitgenössische, vermutlich von einem Meisterschüler geschaffene Kopie des berühmten Abendmahls von Leonardo da Vinci.
Der Oberlauf des Cassarate entwässert das hinter Tesserete liegende Val Colla, eine tief eingeschnittene Talkerbe. Rücksichtsloser Kahlschlag – man benötigte das Holz für die Hochöfen des Tales – führten dort im letzten Jahrhundert zu verstärkter Erosion und zu einer wüsten Zerstörung der Hänge. Deren Stabilisierung gelang glücklicherweise durch die um die Jahrhundertwende einsetzende planmässige Wiederaufforstung. Die meisten Dörfer liegen auf einer gleichmässig ansteigenden Hangterrasse der Sonnseite. Ähnlich wie die Bergtäler des Sopraceneri konnte auch das Val Colla seine Bewohner kaum ernähren. So streiften einst die Männer vorwiegend als Kupferschmiede und Kesselflicker durch ganz Oberitalien.
Auch im unteren Cassaratetal liegen die Siedlungen leicht erhöht auf einer Kiesterrasse, die sich auf der linken Seite hinzieht, am Fusse der schroffen Dolomitzinnen der Denti della Vecchia (Altweiberzähne) und des Monte Boglia. Oberstes Glied dieser Kette von Ortschaften ist Sonvico (summus vicus = oberstes Dorf), das früher eine Ringmauer besass und heute noch einen gewissen kleinstädtischen Charakter trägt.
Der Name Lugano ist vermutlich auf das lateinische lacus (= See) zurückzuführen. Aus ‹lacuanus› wurde später ‹oppidum lucanum›. Im Mittelalter war das Städtchen abwechslungsweise den Rusca, den Visconti und den Sforza untertänig, bis es 1512/13 von den Eidgenossen erobert wurde. Im Jahr 1798, nach einem kurzen, siegreichen Gefecht gegen die Anhänger der cisalpinischen Republik, erlangten die Luganesen ihre Anerkennung als freie, unabhängige Schweizer.
Seine Entwicklung verdankt die Stadt vor allem der günstigen Verkehrslage und den landschaftlichen Schönheiten seiner Umgebung. Schon im Mittelalter war sie ein bedeutender Handelsplatz. So genoss beispielsweise der jeweils Mitte Oktober stattfindende Viehmarkt bei den Innerschweizern

einen guten Ruf. Noch heute ist Lugano, die grösste Tessiner Stadt, die eigentliche Wirtschaftsmetropole des Kantons und zugleich der Ort, der am meisten Industrie besitzt. Im Jahre 1855 setzte mit dem Bau des ‹Hôtel du Parc› der Fremdenverkehr ein, der bis in die heutige Zeit stets ein besonders internationales Gepräge trug. Zugleich ist Lugano Mittelpunkt eines ausgedehnten Kur- und Feriengebietes. Die Drahtseilbahnen auf den Monte Brè und den Monte San Salvatore, die Schmalspurbahn nach Ponte Tresa, zahlreiche Postauto- und Autobuslinien sowie der Schiffsverkehr auf dem Ceresio erleichtern den Zugang zu den umliegenden Ortschaften, die als Ausgangspunkt lohnender Wanderungen dienen.

Unter den sehenswürdigen Kirchen Luganos besticht die Kathedrale San Lorenzo durch die harmonische Gliederung ihrer marmornen Renaissancefassade, während die Chiesa Santa Maria degli Angioli ein 1529 entstandenes grosses Passionsgemälde Bernardino Luinis enthält. In der Altstadt, mit ihren engen Gassen und ihren malerischen Portiken, findet man mehrere aus dem 15.–17. Jh. stammende Patrizierhäuser, wie z. B. die Palazzi Riva. Bleibt noch das westlichste der Luganeser Täler zu beschreiben, das Malcantone. Schon die Herkunft des Namens ist interessant. Die scheinbar so einleuchtende Übersetzung mit ‹schlechter Winkel› ist ein Irrtum. Vielmehr ist der Name des Tales, wie auch derjenige des Flusses Magliasina, von den hier früher zahlreichen wasserbetriebenen Hammerschmieden (magli) abzuleiten. Während sich die Dörfer des oberen Malcantone in einer Reihe dem steilen rechtsseitigen Hang entlangziehen, breiten sich diejenigen des unteren Malcantone auf den sonnigen, dem Tresatal zugekehrten Terrassen aus. Von hier aus schweift der Blick ungehindert über den Lago Maggiore hinweg bis zu den Walliser Alpen. Auch das Malcantone, dessen Männer früher hauptsächlich als Schreiner, Maler oder Maurer in die Ferne zogen, hatte in den letzten hundert Jahren eine starke Entvölkerung zu verzeichnen. Einige berühmte Architekten findet man unter den Auswanderern, wie Domenico Trezzini aus Astano, der unter Peter dem Grossen den Aufbau der Stadt Petersburg leitete. Heute arbeiten die meisten Männer als Tagespendler in Lugano. Auch der Fremdenverkehr brachte etwas Verdienst ins Tal. Sichtbare Einwirkungen beschränken sich jedoch auf das Kurgebiet von Cademario und auf die Sesselbahn auf den Monte Lema. Dieser ist nicht nur ein hervorragender Aussichtsgipfel, sondern auch Ausgangspunkt der herrlichen Gratwanderung zum Monte Tamaro.

21 Brè–Monte Boglia–Alpe Bolla–Cureggia

Durch den steilen Auf- und Abstieg recht beschwerliche, jedoch durch die
einmalige Rundsicht entschädigende Gipfelbesteigung. Für ein gemächli-
cheres Wandern steht eine Variante (siehe Nebenroute) zur Auswahl.

Fahrt mit Standseilbahn Lugano/Cassarate–Brè Villaggio
Fahrt mit Auto   Lugano–Castagnola–Brè 9 km
Parkplatz   In Brè bei der Kirche

Route	Höhe in m	Hinweg	Rückweg
Brè	785	–	5 Std.
Carbonera	1033	45 Min.	4 Std. 25 Min.
Monte Boglia	1516	2 Std. 40 Min.	3 Std. 10 Min.
Alpe Bolla	1129	3 Std. 20 Min.	2 Std.
Cureggia	655	4 Std. 20 Min.	35 Min.
Brè	785	5 Std.	–

Der Parkplatz in **Brè** befindet sich bei der Pfarrkirche SS. Simone e Fedele.
Sie wurde erstmals 1591 erwähnt und reicht möglicherweise ins Mittelalter
zurück. Wir steigen durch das Dorf empor und halten auf einem gepflasterten, grasbedeckten Weg bergwärts. Dieser schneidet viermal ein
geteertes Fahrsträsschen und erreicht dessen Endpunkt. In gleicher Richtung führt unsere Route steil durch den Wald hinauf. Im Gebiet Trevach, wo
eine Variante Richtung Monte Boglia abzweigt (Wegweiser), wendet sich
unser Weg allmählich westwärts und erreicht das Wasserreservoir **Carbonera**.
Gemäss Wegweiser wenden wir uns rechts aufwärts. In stetigem Aufstieg
durchquert unser Weg in östlicher Richtung den bewaldeten Südhang des
Monte Boglia und zieht sich schliesslich zum Grat empor, den wir beim
Sasso Rosso betreten. Eindrücklich ist von hier aus der Blick auf den Porlezza-Arm des Luganersees mit den am Ufer und im Val Solda gelegenen Dörfern. Auf gutem Bergweg besteigen wir über den Grat den an der Landes-
grenze gelegenen Gipfel des **Monte Boglia**.

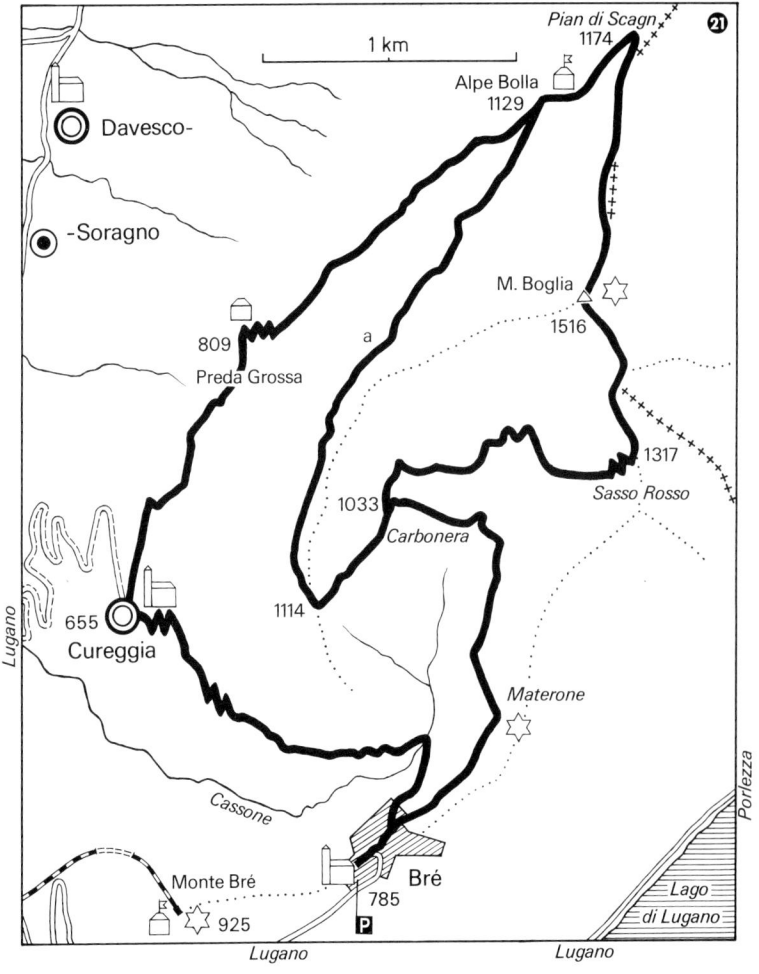

Davesco-

-Soragno

809
Preda Grossa

a

Pian di Scagn
1174

Alpe Bolla
1129

M. Boglia
1516

1317
Sasso Rosso

1033
Carbonera

1114

Materone

655
Cureggia

Cassone

Monte Bré
925

Bré
785

P

Lugano

Lugano

Lugano

Porlezza

Lago
di Lugano

1 km

21

Im Bedrettotal werden die Alpen noch regelmässig bestossen.

Für die nicht geringen Anstrengungen des Aufstiegs belohnt uns diese höchste Erhebung in der nächsten Umgebung Luganos mit einer herrlichen Rundsicht, wohl eine der umfassendsten im Sottoceneri.

Wir beginnen den Abstieg in nördlicher Richtung zuerst über den schmalen Grat, der sich aber bald zu einem mit Erlengebüsch bewachsenen Hang verbreitert. Durch diesen senkt sich der 1986 neu instand gestellte Weg in bequem angelegten Kehren und taucht nach Durchquerung des Erlengürtels weiter unten in den Wald ein. Auf dem Pian da Scagn, der Einsattelung zwischen M. Boglia und Denti della Vecchia, wenden wir uns scharf nach links zur **Alpe Bolla** hinunter. Nebst einem kleinen Bergrestaurant und dem Alpgebäude stehen hier oben eine Kapelle, ein alter Roccolo (Vogelfangturm) und das Grenzwächterhaus.

Wer den Gipfel des M. Boglia überstiegen hat, kann nun für die Rückkehr auch die als Nebenroute beschriebene Variante benützen. Wenn wir dagegen nach Cureggia absteigen wollen, schlagen wir bei der Lichtung unter dem Grenzwächterhaus den abwärts führenden Weg ein. In stetigem Abstieg durch den bewaldeten Hang führt er uns an der Lichtung Preda Grossa vorbei. Die Terrasse von **Cureggia,** hoch über dem Cassaratetal, wird mehr und mehr von Villen überbaut. Früher gehörte der nach seinem Kirchenpatron auch San Gottardo genannte Ort zu den kleinsten Dörfern des Tessins (noch 1950 zählte er nicht mehr als 24 Einwohner). Die 1565 erwähnte Kirche S. Gottardo wurde wahrscheinlich im 19. Jh. neu erbaut, wobei der alte Chor, mit Wandgemälde des 16. Jh., als Seitenkapelle erhalten blieb. Bei der Kirche beginnt der vielbegangene Weg, der uns, am Hang über dem Cassonetal aufsteigend, nach Brè zurückbringt.

Nebenroute   a) Carbonera (Wasserreservoir) – Pt. 1114 – Alpe Bolla 1 Std. 20 Min.

22

Comano–San Bernardo– Ponte Capriasca–Lago d'Origlio

Genussreiche Wanderung durch das Hügelland nördlich von Lugano.

Fahrt mit Postauto	Lugano–Comano
Fahrt mit Auto	Lugano–Crocifisso–Porza–Comano 6 km
Parkplätze	In Comano bei der Kirche und beim Friedhof

Route	Höhe in m	Hinweg	Rückweg
Comano 🚋	505	–	2 Std. 45 Min.
San Bernardo	707	40 Min.	2 Std. 20 Min.
Vaglio 🚋	549	1 Std. 15 Min.	1 Std. 35 Min.
Ponte Capriasca 🚋	447	1 Std. 30 Min.	1 Std. 10 Min.
Origlio 🚋	422	1 Std. 50 Min.	50 Min.
Comano 🚋	505	2 Std. 45 Min.	–

Comano besteht aus zwei Fraktionen, deren untere, Comano di Sotto, durch die Geschlossenheit des Ortsbildes beeindruckt. Vom Parkplatz begeben wir uns zur 1613 erbauten barocken Pfarrkirche. Sie enthält reiche Stukkaturen von 1625, G. B.Tarilli zugeschriebene Fresken und eine ‹Darstellung Jesu im Tempel› von D. Caresana (17. Jh.). Der Vorplatz bietet einen schönen Ausblick über das Vedeggiotal.
Bei der Gabelung hinter der Kirche wenden wir uns nach rechts und steigen durch Rebgelände zum Waldrand hinauf. Hier geht das geteerte Strässchen in einen Fussweg über, der uns durch schattigen Kastanienwald zur ehemaligen Einsiedelei **San Bernardo** emporführt. Das Kirchlein, auf einer mittelalterlichen Burgstelle erbaut, enthält ein bemerkenswertes Fresko von G. B.Tarilli, die ‹Bekehrung des Herzogs von Gascogne› (1574). Von dem auf felsigem Vorsprung stehenden Kreuz geniesst man einen freien Ausblick auf das Cassaratetal.
In nördlicher Richtung absteigend, wählen wir bei der Gabelung den früher steil abfallenden, jetzt in Kehren angelegten Weg. Nun folgt eine überaus reizvolle Strecke, die fast ebenhin durch den Wald verläuft. Bei einer Weg-

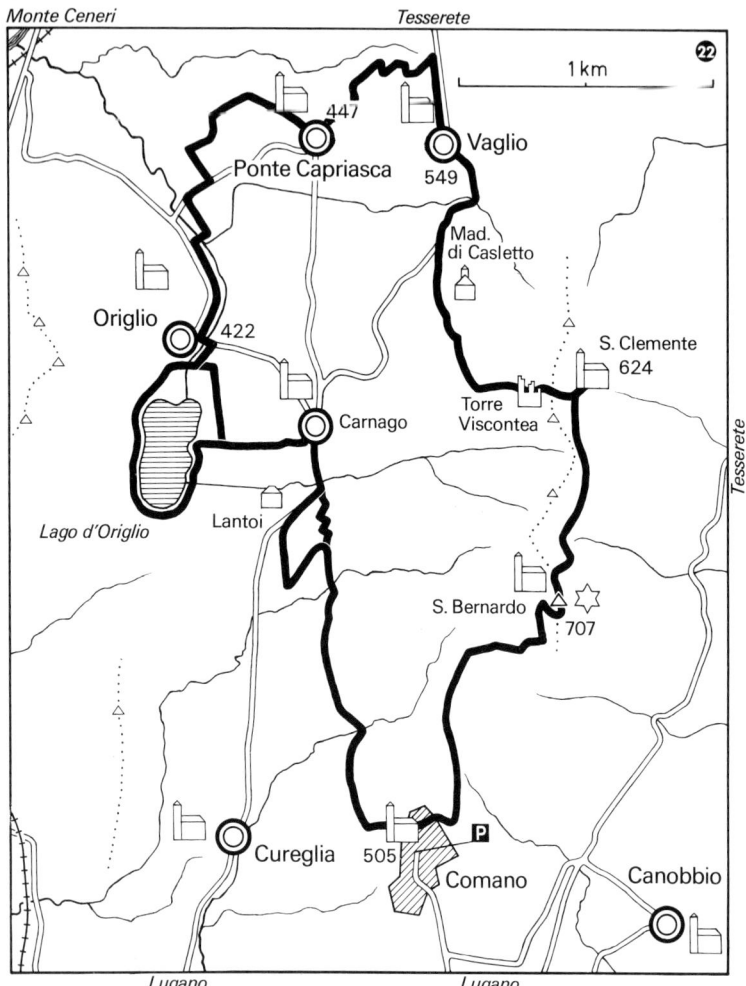

kreuzung gehen wir geradeaus weiter zum Kirchlein *San Clemente,* das zu einer im Mittelalter ausgestorbenen Siedlung gehört haben soll.

Links abbiegend, verlässt unsere Route die Lichtung, führt an den Ruinen eines Wachtturmes (Torre Viscontea, vermutlich 13.–14. Jh.) vorbei, verlässt bei Roncaccio den Wald und mündet bei der vermutlich 1640 neu erbauten Kirche Madonna di Casletto in die Strasse nach *Vaglio,* das durch sein geschlossenes Ortsbild auffällt. Wir durchqueren das Dorf und folgen der Strasse etwa 400 m Richtung Sala Capriasca. Kurz vor dieser Ortschaft biegen wir links in das Strässchen ein, das durch den Wald nach **Ponte Capriasca** hinunterführt. Die 1356 erwähnte, 1835 zum Zentralbau umgestaltete Kirche S. Ambrogio enthält eine vorzügliche Kopie des Abendmahls Leonardo da Vincis, wahrscheinlich von einem Schüler um 1550 gemalt. Eine spätgotische Ambrosius-Statue und weitere Fresken aus dem 15. und 16. Jh. ergänzen die Ausschmückung dieses Gotteshauses. Von der Kirche aus wandern wir in westlicher Richtung am Friedhof vorbei und gelangen in einem nordwärts ausholenden Bogen auf die Strasse. Entweder auf dieser oder östlich davon auf einem dem Bächlein folgenden Fussweg wandern wir nach **Origlio**. Die ältesten Teile der auf einer Anhöhe über dem gut erhaltenen Dorfkern gelegenen Kirche gehen auf das 15. Jh. zurück. Die schön gegliederte Fassade, deren Mauerwerk nach lombardischer Art mit Backsteinen durchsetzt ist, gehört zum Neubau von 1608 bis 1640.

Wir gehen Richtung See bis zu einer Querstrasse, der wir nach links folgen. Nach 100 m benützen wir den rechts abzweigenden Fussweg bis zum Wäldchen, wo wir einen Zugang zum See finden. Wir haben auch die Möglichkeit, den See westlich zu umgehen. Der unter Naturschutz stehende **Lago d'Origlio** verdankt seine Entstehung einem aus dem Vedeggiotal abzweigenden Arm des Tessingletschers, in dessen Zungenbecken sich das Wasser nach der Eiszeit staute.

Vom Seeufer aus gehen wir zunächst auf dem gleichen Weg zurück, wandern aber bei der Kreuzung auf einem geteerten Fahrweg geradeaus weiter. Nach kurzem Aufstieg betreten wir bei der Post von *Carnago* die Fahrstrasse, der wir nach rechts folgen (Vorsicht!). Bei der Kurve gegenüber dem Hotel Origlio-Country-Club leitet uns ein Wegweiser auf ein sehr steiles, durch den Wald emporführendes Weglein. Bequemer ist es, weitere 200 m auf der Strasse zurückzulegen, dann links den durch das Villenquartier ansteigenden Fahrweg einzuschlagen. Oben im Wald treffen sich die beiden Varianten, und unsere Route führt nun zuerst als angenehmer Waldweg, später als Strasse in südlicher Richtung nach Comano zurück.

23

Tesserete–Condra–
Gola di Lago

Auf reizvollen Wegen umwandern wir das obere Val Capriasca.

Fahrt mit Autobus	Lugano, Via S. Balestra–Stazione FFS– Tesserete
Fahrt mit Auto	Lugano–Tesserete 8 km
Parkplatz	In Tesserete bei der Autobus-Endstation

Route	Höhe in m	Hinweg	Rückweg
Tesserete 🚌	522	–	4 Std.
Condra	989	1 Std. 30 Min.	3 Std.
Gola di Lago 🚌	972	2 Std. 20 Min.	2 Std. 10 Min.
Campestro 🚌	578	3 Std. 50 Min.	15 Min.
Tesserete 🚌	522	4 Std.	–

Zahlreiche Funde, u. a. eine lepontische Inschrift, weisen auf eine frühe
Besiedlung der Umgebung von **Tesserete** hin. Im Castrum (Kastell) von
Tesserete begannen am 13. Oktober 1413 Verhandlungen zwischen Kaiser
Sigismund und den Legaten des Papstes, die zur Übereinkunft führten, das
Konzil in Konstanz abzuhalten. Die 1078 erwähnte, 1444 weitgehend umgebaute Propsteikirche des hl. Stephan war kirchliches Zentrum der Pieve
Capriasca. Der imposante Glockenturm ist von dem romanischen Vorgän-
gerbau übernommen worden. Zur reichen Innenausstattung gehören u. a.
ein Stuckretabel mit einem vorzüglichen Gemälde (Steinigung des hl. Stephan, Ende 16. Jh.), spätgotische Fresken (15. Jh.) und eine Kreuzigungs-
gruppe aus Holz (Ende 14. Jh.).
Von der Autobus-Endstation gehen wir zur Pfarrkirche und am Friedhof vorbei. Jenseits der Strasse beginnt als Treppenweg der Aufstieg zur Fraktion
Bigorio. Im Dörfchen zweigen wir bei einem Brunnen rechts ab und wandern, der gelben Markierung folgend, durch den Dorfkern und auf dem
oberhalb der Strasse verlaufenden alten Weg weiter. Auf dem Stationenweg, der eine moderne Ausmalung durch verschiedene Künstler (1979) aufweist, geht es steil zum *Kloster Bigorio* hinauf.

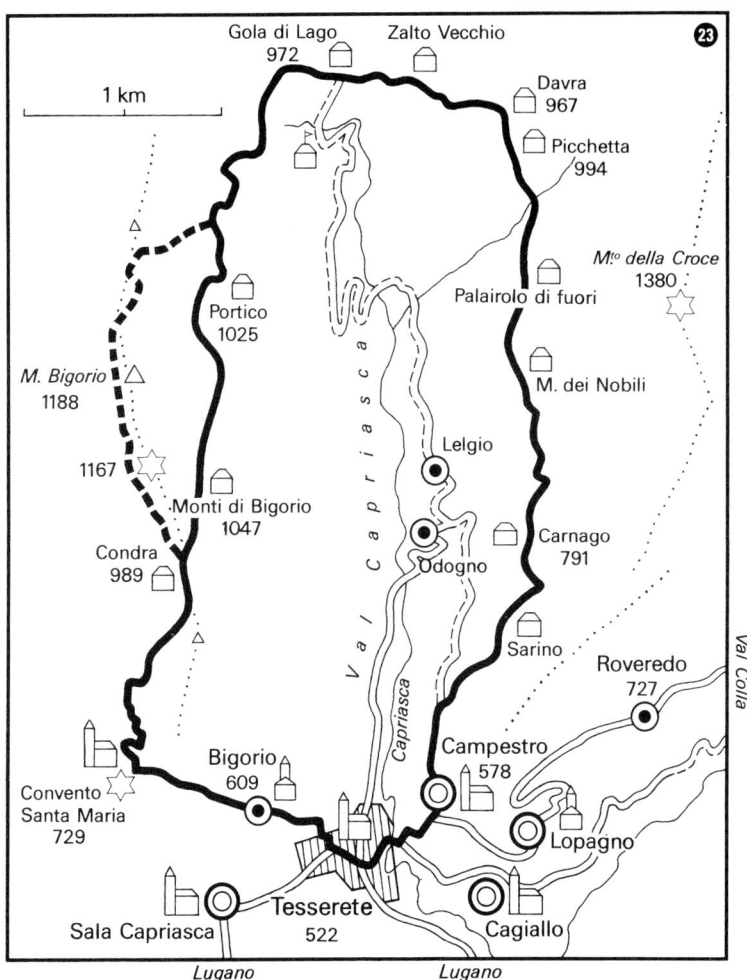

Das Convento Santa Maria wurde 1535 als erste franziskanische Bruder-
gemeinschaft in der Schweiz gegründet. Der Grundbestand der 1577
geweihten Klosterkirche dürfte noch aus dem 16. Jh. stammen. Sie enthält
ein gutes Renaissancegemälde der Muttergottes, vermutlich von einem flä-
mischen Meister.
Direkt oberhalb des Klosters windet sich nun unser Fussweg durch den
bewaldeten Hang hinauf und mündet in ein Strässchen, dem wir bis zum

Kehrplatz folgen. In gleicher Richtung gelangen wir zur Weggabelung bei Schiss di fuori, halten rechts aufwärts und steigen durch herrlichen Birkenwald zum ehemaligen Maiensäss und heutigen Feriendörfchen **Condra** hinauf. Unsere Route führt nun fast ebenhin dem Osthang des Monte Bigorio entlang und berührt verschiedene Älpchen, die zu den Monti di Bigorio gehören. Von einer Hüttengruppe aus (auf der Karte südöstlich von Moei) geht es, leicht absteigend, durch eine Mulde nach Portico hinüber. Links aufwärts haltend, gelangen wir auf ein grobgeschottertes Fahrsträsschen, das uns zum Passübergang **Gola di Lago** führt. Von dem Bergsee, der einst dieser durch einen Arm des Tessingletschers gebildeten Senke den Namen gab (Gola di Lago = Seekehle), ist nur noch ein ausgedehnter Sumpfboden übriggeblieben.

Bei der Postauto-Haltestelle zweigt in östlicher Richtung ein Fussweg ab, der einen felsdurchsetzten Hang quert und später in einen Fahrweg mündet, der nach rechts zu einem Ferienhaus führt. Wieder auf einem Fussweg gelangen wir nach *Zalto Vecchio* hinüber und folgen der langgezogenen Häuserreihe bis zu einer deutlich markierten Abzweigung, die uns rechts abwärts in eine Mulde führt. Dort stossen wir auf einen Fahrweg, dem wir nach links zu den Hütten von Davra folgen. Nach kurzem Aufstieg durch ein Wäldchen erreichen wir Picchetta und kurz darauf, nördlich des Maiensäss Sorè, eine mehrfache Weggabelung. Wir benützen den unteren Weg (Aufschrift ‹Tesserete› beachten!). Zwischen Polairolo di dentro und Polairolo di fuori fällt er etwas stärker ab, führt dann abwechselnd durch Wald und Lichtungen, quert mehrere Bachrunsen und berührt die Maiensässe Monte dei Nobili, Screvia und *Carnago*. Diese Wegpartie, dem linksseitigen Talhang des Val Capriasca entlang, ist besonders reizvoll. Kurz nach der kleinen Lichtung von Sarino halten wir bei einer Gabelung rechts abwärts zur Strasse Bettagno–Campestro hinunter. Nach der Ortstafel von **Campestro** zweigen wir links ab, folgen der Markierung durch den Dorfkern und steigen auf einer Abkürzung rechts von der Valcolla-Strasse nach **Tesserete** hinunter.

Nebenroute   a) Condra– Monte Bigorio (1167 m; einzigartiger Ausblick über das Luganese)–Gola di Lago 1 Std. 20 Min.

24

Alpe Foppa–Campo–Monte Tamaro–Alpe Duragno

Auf neu angelegten und instand gestellten Wegen zu einem der bekanntesten Aussichtsgipfel des Tessins.

Fahrt mit Bahn und Luftseilbahn Lugano–Rivera–Bironico (Bahn),
                                   Rivera–Alpe Foppa (Luftseilbahn)
Fahrt mit Auto   Lugano–Autobahn–Rivera 15 km
Parkplatz   In Rivera bei der Talstation der Luftseilbahn
                       Rivera–Alpe Foppa

Route	Höhe in m	Hinweg	Rückweg
Alpe Foppa 🚡	1530	–	3 Std. 50 Min.
Campo	1590	45 Min.	3 Std. 10 Min.
Monte Tamaro	1961	2 Std.	2 Std. 20 Min.
Motto Rotondo	1928	2 Std. 30 Min.	1 Std. 45 Min.
Alpe Duragno	1483	3 Std. 10 Min.	40 Min.
Alpe Foppa 🚡	1530	3 Std. 50 Min.	–

Vom Restaurant auf der **Alpe Foppa** aus wandern wir dem Skilift entlang aufwärts und halten rechts zum Sättelchen mit Wegweiser. Auf der Seite des Valle del Trodo führt uns ein Fahrweg zur Kurve des Werksträsschens Rivera–M. Tamaro, dem wir abwärts bis zur Rechtskurve folgen. Hier zweigt unser Weg links ab (Wegweiser: Tamaretto–Alpe di Neggia), quert die sehr steilen, erlenbewachsenen Hänge über dem Valle del Trodo und erreicht das im Talhintergrund liegende, längst verlassene Älpchen **Campo.**
Weiss-rot-weisse Markierungszeichen leiten uns über das Alpgelände, worauf wir wieder auf gut ausgeprägtem Weg zu einem markanten Sattel (Pt. 1688) aufsteigen. Tief unter uns erblicken wir die Alpe di Neggia, den Lago Maggiore und das Maggiadelta. Bei der Wegkreuzung auf der Westseite des Sattels folgen wir dem links aufsteigenden, markierten Weg. Er zieht sich durch die äusserst steilen Hänge über dem Val Vadina und mündet in den von der Alpe di Neggia zum M. Tamaro aufsteigenden breiten Weg. Die felsdurchsetzte Nordflanke des Tamaro traversierend, kann man direkt zum Sattel Pt. 1843 gelangen. Der Umweg von der nach Norden ab-

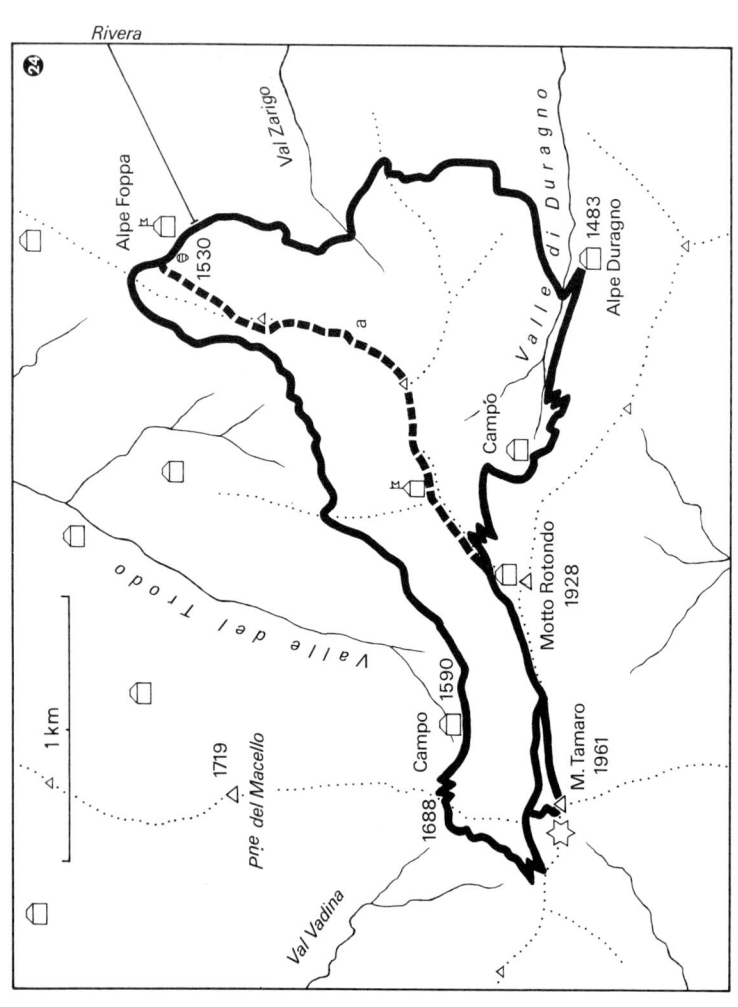

Uraltes Brücklein bei Vergeletto.

fallenden Rippe auf den Gipfel des **Monte Tamaro** lohnt sich indessen, nicht nur wegen der grossartigen Fernsicht auf die Hochalpen. Durch seine zentrale Lage zwischen Sopra- und Sottoceneri gestattet er wohl als einziger Gipfel gleichzeitig einen Blick auf die drei Städte Lugano, Locarno und Bellinzona.

Vom Gipfel steigen wir über den Grat zum Sattel Pt. 1843 hinunter und nehmen die leichte Gegensteigung zum *Motto Rotondo* in Angriff. Unmittelbar unterhalb des Standortes der abgebrannten SAC-Hütte zweigt der Rundwanderweg rechts ab und führt zu dem im oberen Teil der Valle di Duragno gelegenen Älpchen Campo hinab. Hierhin können wir auch auf dem Umweg über die Tamarohütte des UTOE gelangen. Auf der rechten Seite des Baches steigen wir zur **Alpe Duragno** hinunter.

Knapp oberhalb der Hütte biegen wir links ab, überqueren den Bach und kehren auf dem schön angelegten, aussichtsreichen Hangweg hoch über dem Vedeggiotal zur Alpe Foppa zurück.

| **Abkürzung** | a) | Motto Rotondo–Capanna UTOE–Alpe Foppa 50 Min. |

25

Magliaso–Santa Maria d'Iseo–S. Bernardo–Aranno–Novaggio

Abwechslungsreiche Wanderung durch das untere Malcantone.

Fahrt mit Schmalspurbahn oder Postauto Lugano–Magliaso
Fahrt mit Auto Lugano–Agno–Magliaso 9 km
Parkplatz In Magliaso hinter der Esso-Tankstelle (bei der Kurve)

Route	Höhe in m	Hinweg	Rückweg
Magliaso 🚂 🚌	300	–	5 Std. 20 Min.
Santa Maria	776	1 Std. 30 Min.	4 Std. 15 Min.
San Bernardo	897	2 Std. 15 Min.	3 Std. 40 Min.
Aranno 🚌	721	2 Std. 45 Min.	2 Std. 50 Min.
Novaggio 🚌	638	3 Std. 40 Min.	1 Std. 55 Min.
Curio 🚌	566	4 Std. 15 Min.	1 Std. 15 Min.
Magliaso 🚂 🚌	300	5 Std. 15 Min.	–

Wahrzeichen von **Magliaso** ist die 1680 erbaute barocke Pfarrkirche SS. Biagio e Macario, die mit der z.T. aus dem 12. Jh. stammenden, leider dem Zerfall preisgegebenen Burg auf einer Anhöhe über dem Dorf steht. 1116 wurde in dieser Burg der mit einem päpstlichen Bannfluch belegte Bischof Landolfo von Como gefangengenommen und dadurch ein zehnjähriger Krieg zwischen Como und Mailand ausgelöst. 1667 erwarb Konrad von Berlodingen Schloss und Herrschaft.

Wir folgen zuerst der Strasse Richtung Ponte Tresa. Vor der Magliasina-Brücke wählen wir das ins Tal eindringende Strässchen, nehmen nach wenigen Schritten die Abkürzung rechts und steigen zu dem auf einer schönen Terrasse gelegenen Dorf *Neggio* empor.

An der um 1620 erbauten, 1754–1758 barock ausgestatteten Pfarrkirche Santa Maria Annunziata vorbei gehen wir auf der Strasse leicht abwärts und biegen bei der Madonnengrotte links in den durch das Bachtobel aufsteigenden, geteerten Weg ein. Beim Weiler Guasti schneiden wir eine Strassenkehre, und unmittelbar nach der scharfen Rechtskurve wählen wir den

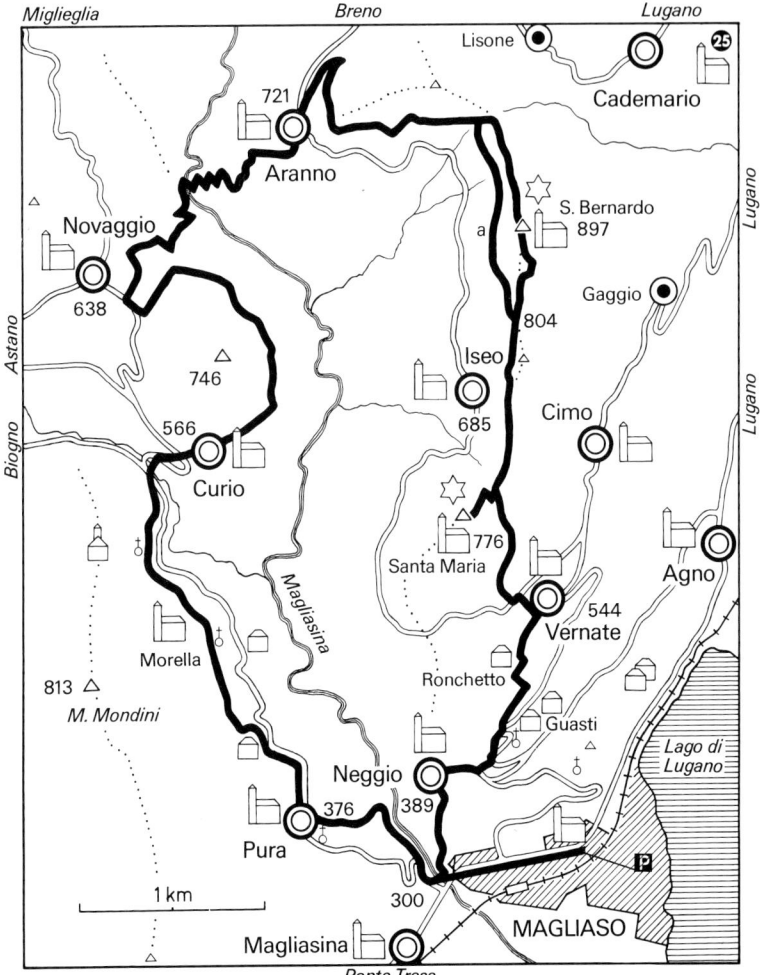

links ansteigenden Fussweg (Wegweiser), der bald in ein neueres Strässchen nach *Vernate* einmündet. Eingangs der Ortschaft führt ein Fussweg steil aufwärts zur Strasse. Dieser folgen wir etwa 100 m nach links, um dann rechts abzuzweigen. Am Fussballplatz vorbei steigen wir durch den mit Birken und Stechpalmen durchsetzten Wald empor.

Vom Sattel (Pt. 719) aus lohnt sich der kurze Abstecher auf die südlich gelegene Kuppe mit dem im 17. oder 18. Jh. umgebauten, in seinen ältesten Tei-

len auf das 15. Jh. zurückgehende Kirchlein **Santa Maria d'Iseo.** Schöner
Ausblick auf die Umgebung von Lugano und auf den Luganersee. Auf den
Sattel (Pt. 719) zurückgekehrt, wenden wir uns gleich rechts zum Waldrand.
Die Wanderung führt nun meist über den bewaldeten Rücken zum Kirchlein
San Bernardo, auf dem höchsten Punkt unserer Tour gelegen. Durch das
Tresatal fällt der Blick auf den Lago Maggiore.
Nordwärts Richtung Cademario absteigend, gelangen wir zu einer Weggabe-
lung und halten links zum Sattel Forcora hinauf. Ein Fahrweg führt uns
zunächst fast ebenhin und senkt sich in einer weit taleinwärts ausholenden
Kehre zur Strasse nördlich von **Aranno,** einem schönen, gut erhaltenen
Haufendorf hoch über der Magliasina. Der Grundbestand der malerischen
Pfarrkirche S. Vittore dürfte spätmittelalterlich sein. Etwa 150 m nach der
Post halten wir rechts abwärts. Im unteren Dorfteil beginnt der Abstieg zur
Magliasina. Auf einer vom Militär errichteten Brücke wird der Fluss über-
schritten. Nach kurzem, steilem Gegenaufstieg treten wir auf das offene Plateau von **Novaggio** hinaus.
Ohne den für seine ausgezeichnete klimatische Lage und das Militärsanato-
rium bekannten Ort zu betreten, wenden wir uns nach links über die Ebene
zur Strasse. Nach knapp 200 m zweigt unsere Route links ab, umgeht östlich die bewaldete Kuppe 746 und senkt sich nach *Curio.* Die 1609 neu
erbaute Pfarrkirche S. Pietro enthält u. a. einen Stucktabernakel (1695) und
ein Petrini zugeschriebenes gutes Petrus-Gemälde.
Unmittelbar nach der Strassengabelung unterhalb des Dorfes (Pt. 535)
zweigt rechts ein Naturträsschen ab, das am *Oratorio della Morella* (spät-
mittelalterliche, barock umgestaltete Wallfahrtskirche) vorbei nach **Pura**
führt.
In dem auf sonniger Terrasse erbauten Dorf stehen mehrere stattliche Bürgerhäuser mit reichverzierten Loggien und Fassadendekorationen. Die 1580
(Schiff) und 1653 (Chor) umgebaute Kirche San Martino enthält Überreste
spätgotischer Wandmalereien. Unterhalb der Kirche zweigen wir links von
der Strasse ab und gehen rechts am Konsum vorbei. Bei der Gabelung halten wir links, durchqueren den östlichen Dorfteil, steigen nach Molini hinab
und folgen der Magliasina zum Ausgangspunkt Magliaso.

Nebenroute   a) Pt. 804 (Pianone)–Westhang des
                              San Bernardo–Forcora 20 Min.

Malerischer Winkel im
Hof eines alten Tessi-
nerhauses in Carona
(Route 27).

Ein Blick auf die Karte zeigt uns den Unterschied zwischen den beiden Tessiner Seen. Während der Lago Maggiore als breites, langgestrecktes Band erscheint, fallen beim kleineren, wesentlich schmaleren Luganersee die mehrfachen Windungen und Verzweigungen auf. Seine bizarren Formen verdankt der Ceresio, wie letzterer auch genannt wird, der Tatsache, dass zwei eiszeitliche Gletscher bei seiner Entstehung mitwirkten. Von Norden her stiess ein Arm des Tessingletschers über die Ceneri-Schwelle ins Vedeggiotal und bildete das Becken von Agno. Gleichzeitig zweigte ein Seitenast des Addagletschers aus dem heutigen Comerseegebiet ab, formte den Seearm von Porlezza und vereinigte sich bei Porto Ceresio mit dem Tessingletscher. Während eines Rückzugstadiums des Addagletschers entstand eine Endmoräne, auf der in den Jahren 1844–1847 der verkehrspolitisch so wichtige Damm von Melide aufgeschüttet werden konnte.

Eingeschlossen zwischen dem Melide- und dem Agnoarm des Luganersees befindet sich eine Art Halbinsel mit den Höhenzügen San Salvatore-Arbostora und Collina d'Oro. Dazwischen verläuft ein breiter Talzug, der Pian Scairolo. Auf dem erstgenannten Bergrücken, zwischen dem schroffen Kalkklotz des S. Salvatore und der Porphyrkuppe des Monte Arbostora, liegt das Künstlerdorf Carona. Wesentlich niedriger und sanfter zieht sich die Collina d'Oro dahin. Sie trägt mehrere Dörfer, deren von blühenden Gärten durchsetzte Villenquartiere mehr und mehr zusammenwachsen. Von den Dörfern am See bietet Morcote, nebst dem am Porlezza-Arm liegenden Gandria, das geschlossenste Ortsbild. Eine lange Reihe herrschaftlicher Häuser spiegeln sich mit ihren typischen Pfeilerarkaden im See.

Wenden wir uns nun dem östlichen Seeufer, gegenüber Lugano, zu. Da gibt es, unter den steilen Hängen des Monte Sighignola, malerische Nester mit vielsagenden Namen wie Cantine di Gandria oder Cantine di Caprino. Dort befinden sich die Felsenkeller oder Grotti, die von alters her Luganeser Familien gehören. Darunter gibt es auch einige Wirtschaftsbetriebe mit schattigen Lauben und Tanzplätzen, die vor allem die Feriengäste anlocken. Am gleichen Ufer, weiter südlich, liegt die italienische Enklave von Campione. Ihre Zugehörigkeit zu Italien geht letztlich darauf zurück, dass das einstige Fischerdorf früher dem mailändischen Kloster Sant'Ambrogio und nicht zum bischöflichen Besitz von Como gehörte. Bei der Abtretung des Sottoceneri an die Eidgenossen im Jahre 1512 wurde diesen nur jene mailändischen Gebiete zugesprochen, die sie damals besetzt hielten. Bekannt ist

Campione vor allem durch seine mondänen Vergnügungsstätten wie das Spielkasino, weniger durch seine kunstgeschichtlichen Schätze wie die Wallfahrtskirche Madonna dei Ghirli mit ihren hervorragenden Fresken aus der Giotto-Schule. Ein ausgesprochenes Künstlerdorf ist auch Bissone, am östlichen Ende des Melide-Dammes. Es war Heimatort des in Rom tätigen berühmten Architekten Francesco Borromini (1599–1667). Es ist eine erstaunliche Tatsache, dass die am Ufer des Ceresio oder auf den Höhen über dem See gelegenen Dörfer eine Fülle von Baukünstlern hervorgebracht haben wie keine andere Gegend Europas von vergleichbarer Grösse.

Wir folgen nun weiter der grossen Nord-Süd-Verkehrsachse dem Capolago-Arm des Luganersees entlang und gelangen schliesslich in den südlichsten Zipfel des Tessins, ins Mendrisiotto. Dieser Bezirk, dessen Hauptort Mendrisio ist, lässt sich in drei Gebiete einteilen. Im Nordwesten erhebt sich ein Kalkbergland mit zwei markanten Gipfeln, dem Monte San Giorgio und dem Poncione d'Arzo. Es wird vom Gaggiolo-Bach Richtung Süden entwässert. Ihm gegenüber, im Osten, ragen die Kalkmassive des Monte Generoso und des Monte Bisbino empor, zwischen denen die Breggia durch das tief eingeschnittene Valle di Muggio ebenfalls nach Süden, zum Comersee, abfliesst. Zwischen den genannten Bergregionen liegt ein teils hügeliges, teils flaches Becken, das schon den allmählichen Übergang in die Po-Ebene ankündet. Es wird jedoch durch den Laveggio nach Norden, zum Luganersee, entwässert.

Der Monte San Giorgio und der Poncione d'Arzo sind aus Triaskalken aufgebaut und durchwegs stark bewaldet. In einer Einsattelung zwischen den beiden Gipfeln liegt das auch von Norden her durch eine Seilbahn erreichbare Kurgelände von Serpiano. Berühmt sind die bituminösen Schiefer am Südhang des Monte S. Giorgio, in denen man seit 1924 unzählige Versteinerungen von Sauriern, andern Reptilien und Fischen fand. Ihr Vorkommen geht auf eine Zeit vor 170 Millionen Jahren zurück, als das Südtessin im Küstengebiet eines grossen Meeres lag. Auf den gegen Süden abfallenden hügeligen Ausläufern des Monte S. Giorgio liegen die vier Dörfer Meride, Tremona, Arzo und Besazio. Bei Arzo und Besazio werden bunte Marmore abgebaut, die nicht nur im Tessin und in der deutschen Schweiz, sondern sogar in Kirchen von Venedig und Wien Verwendung fanden. Meride, mit seinen engen Gassen und malerischen Plätzchen, weist eines der besterhaltenen, geschlossensten Dorfbilder des Tessins auf.

Am südlichen Ende des Luganersees, wo die sich gegen Mendrisio hinziehende Ebene des Laveggio beginnt, liegen die Dörfer Capolago und Riva San Vitale. Letzteres, früher Hauptort eines weitgehend selbständigen kirchlichen und politischen Kreises, weist das älteste kirchliche Bauwerk der Schweiz auf: das Baptisterium, einen kubischen Zentralbau aus der Zeit um 500 n. Chr.

Der Bezirkshauptort Mendrisio wird 793 erstmals erwähnt, war aber – wie Gräber, Inschriften und Mosaiken von Bädern bezeugen – schon zur Römerzeit besiedelt. Sein etwas erhöht über der Ebene liegender alter Kern hat weitgehend den Charakter einer lombardischen Kleinstadt bewahrt. Hervorstechendstes Bauwerk ist die Propsteikirche SS. Cosma e Damiano, die als monumentalste Kirche des 19. Jh. im Tessin gilt.

Von Mendrisio nach Südwesten, gegen Italien hin, zieht sich eine breite Ebene, die Campagna Adorna. Sie hat durch die starke Zersiedelung und die hässlichen Tanklager ihren ursprünglichen ländlichen Reiz verloren. Gut erhalten haben sich dagegen die alten Kerne der am Rande liegenden Dörfer. Dazu gehört z. B. Ligornetto, wo sich das Museo Vela, mit den Werken des bekannten Tessiner Bildhauers, befindet. Zwischen zwei Hügeln liegt Stabio, dessen Schwefelbäder vielleicht schon zur Römerzeit bekannt waren. In dieser südlichsten Tessiner Landschaft finden wir fast überall intensiv genutztes Ackerland. Ausser Mais und Getreide wird vor allem Tabak angepflanzt. Mehr als die Hälfte der Tabakanbaufläche des Kantons liegt im Mendrisiotto. Wir begegnen hier dem typischen lombardischen Gehöft, aus Backsteinen gemauert und mit roten Ziegeln bedeckt. Breite Loggien, auf denen Tabakblätter, Maiskolben und Früchte getrocknet werden, blicken auf die geräumigen Innenhöfe hinab. Eine starke Überbauung erfuhr in letzter Zeit auch die sich von Mendrisio über Balerna gegen Chiasso hinziehende Ebene. Als wichtigste schweizerische Zollstation verzeichnet Chiasso seit der Eröffnung der Gotthardbahn 1882 eine Bevölkerungszunahme von rund 500%. Bahnanlagen mit grossem Geleisefeld, Lagerhäuser, Speditionsfirmen, Handels- und Bankagenturen beherrschen das Bild. Der bauliche Charakter des Ortes erinnert stark an die Städte der Po-Ebene.

Der aus Liaskalk aufgebaute Monte Generoso gilt als ein Eldorado der Botaniker. Mehrere Pflanzenarten, beispielsweise die wilde Pfingstrose, kommen an seinen Hängen als einzigem Ort der Schweiz vor. Seiner unvergleichlichen Fernsicht wegen wurde der M. Generoso schon frühzeitig für den Tourismus entdeckt. So entstand bereits 1866 das erste Hotel auf dem Berg, der heute von Capolago her durch eine Zahnradbahn erschlossen ist. Vom Gipfel des Monte Generoso über die südseitigen Hänge absteigend, gelangen wir ins tief eingekerbte Valle di Muggio. Die mit kräftigem Buschwald bedeckten Bergflanken sind beidseitig überaus steil, die Dörfer liegen auf schmalen Hangterrassen. Auch künstliche Terrassen wurden in mühsamer Arbeit für den früher betriebenen Ackerbau angelegt. Das Muggiotal brachte einige bedeutende Baukünstler hervor wie etwa Luigi Fontana, der im 19. Jh. am Bau der Kirche SS. Cosma e Damiano in Mendrisio mitwirkte. Aus Sagno, einem Örtchen hoch über dem Ausgang des Tales, stammen die Brüder Francesco Chiesa, der wohl bedeutendste Tessiner Dichter, und Pietro Chiesa, der als Maler Land und Leute des Tessins in ausdrucksstarken Bildern festgehalten hat.

26   Montagnola–Posmonte–Agra

Kurze Wanderung mit geringen Höhenunterschieden. Eindrückliche Tiefblicke auf den Luganersee.

Fahrt mit Postauto	Lugano–Montagnola
Fahrt mit Auto	Lugano–Gentilino–Montagnola 6 km
Parkplätze	In Montagnola auf der Piazza Brocchi (gegenüber der Post) und hinter den Schulen

Route	Höhe in m	Hinweg	Rückweg
Montagnola 🚌	467	–	2 Std.
Posmonte	580	35 Min.	1 Std. 30 Min.
Agra 🚌	552	1 Std. 10 Min.	55 Min.
Montagnola 🚌	467	2 Std.	–

Aus **Montagnola** stammen namhafte Künstler- und Baumeisterdynastien, u. a. die Gilardi, die den Wiederaufbau Moskaus nach dem Brand von 1812 leiteten. 1919–1962 war Montagnola Wohnort des Dichters Hermann

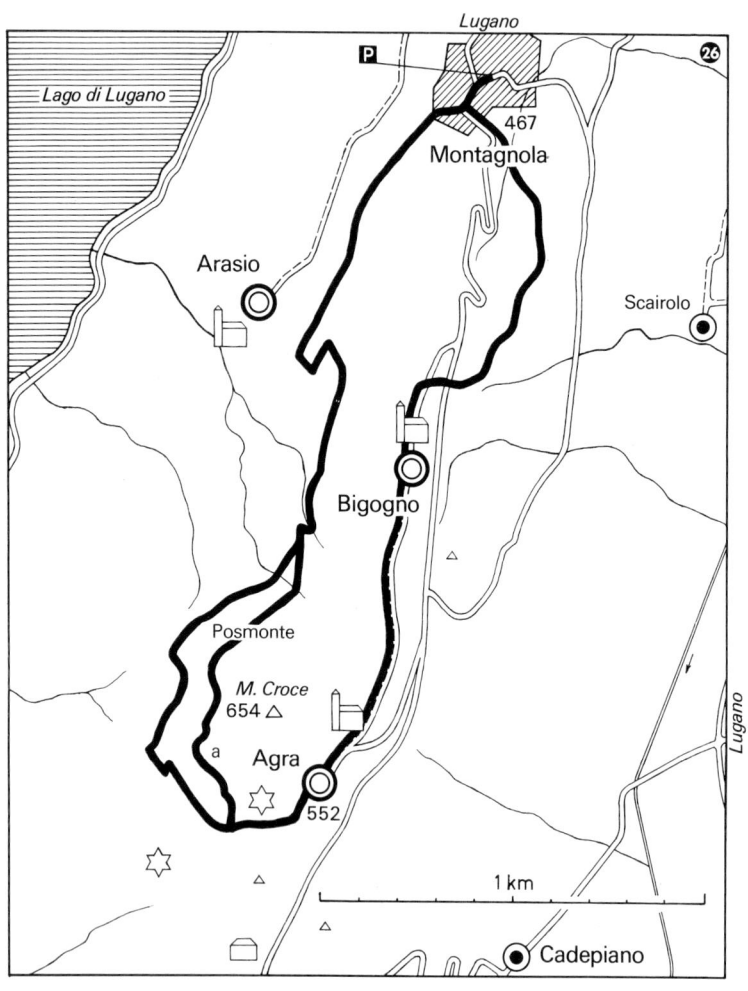

Hesse, dessen Grab sich auf dem Friedhof zwischen Gentilino und Montagnola befindet.
Von der Piazza Brocchi aus (Parkplatz) folgen wir knapp 100 m der Strasse nach Agra und zweigen vor der Linkskurve rechts ab. Ein geteerter Fahrweg (Via Minigera) führt uns ebenhin an mehreren Villen vorbei. Oberhalb des Dörfchens Arasio (Heimatort des Schöpfers des Melidedammes Pasquale Lucchini) schlagen wir links einen Fussweg ein (Wegweiser) und steigen in einigen Kehren durch schönen Kastanien- und Stechpalmenwald empor. Nach dem Wasserreservoir gabeln sich zwei Routen nach Agra, die der Wegweiser als Posmonte alto und Posmonte basso bezeichnet. Während die Variante Posmonte alto höher verläuft und kürzer ist (siehe Nebenroute), führt die Variante **Posmonte basso** nach der Lichtung zu einer kleinen, bewaldeten Hochfläche, auf der ein Roccolo (ehemaliger Vogelfangturm) steht. Dann durchquert der durch ein Holzgeländer gesicherte Weg die steilen Hänge hoch über dem Agno-Arm des Luganersees und gewährt eindrückliche Tiefblicke. Wir folgen nun dem Verlauf des Vita-Parcours in einigen Kehren zu einem Sättelchen (Mattorino) hinauf. Hier verlassen wir ihn und steigen direkt zum Dorf **Agra** hinab.
Das schön gelegene, die Collina d'Oro krönende Dorf Agra wird 1298 im Zusammenhang mit den Stiftsherren von Como erwähnt, die hier Ländereien besassen. Bekannt wurde Agra vor allem durch das seit 1969 geschlossene Lungensanatorium. Es wurde 1914 durch die von Hermann und Olga Burchard gegründete Stiftung Deutsche Heilstätte als eine Art Filiale des Stammhauses in Davos erbaut. Es nahm vor allem begüterte Patienten aus Deutschland auf, die aber nach dem Zweiten Weltkrieg weitgehend ausblieben. Es soll nun in ein Familien-Ferienheim umgebaut werden.
Wir durchqueren das Dorf und folgen der alten Strasse aufwärts zur Kirche und weiter nach **Bigogno**. Am nördlichen Ende des Dorfes, vor der Villa ‹Piccolo Miramonte›, halten wir zwischen einer hohen Hecke und einer Mauer rechts abwärts. Unsere Route kreuzt die neue Strasse, führt durch den Wald hinunter und mündet kurz vor **Montagnola** in die Via Hermann Hesse, wobei wir an der Villa des Dichters und an einem von der Gemeinde gestifteten Gedenkstein vorbeikommen.

Nebenroute   a) Posmonte alto–Agra 25 Min.

27 Carona–Alpe Vicania– Madonna d'Ongero

Genussreiche Wanderung um den Monte Arbòstora, meist durch Wald und mit geringen Höhenunterschieden. Willkommene Badegelegenheit am Ende der Tour im Centro sportivo von Carona.

Fahrt mit Postauto	Lugano–Carona
Fahrt mit Bahn und Luftseilbahn	Lugano–Melide (Bahn),
	Melide–Carona (Luftseilbahn)
Fahrt mit Auto	Lugano–Pazzallo–Carona 9 km
Parkplatz	Beim Centro sportivo südlich von Carona

Route	Höhe in m	Hinweg	Rückweg
Carona (Centro sportivo) 🚈 623		–	2 Std. 20 Min.
Pt. 794 (Sattel)	794	40 Min.	1 Std. 50 Min.
Alpe Vicania	659	1 Std. 10 Min.	1 Std. 10 Min.
Madonna d'Ongero	629	2 Std. 10 Min.	10 Min.
Carona (Centro sportivo) 🚈 623		2 Std. 20 Min.	–

Carona bildete im Mittelalter eine eigene kleine Republik. Auch unter eidgenössischer Herrschaft konnte die Gemeinde eine weitgehende Autonomie bewahren. Das Dorf war Heimat namhafter Künstler, die vom 14. bis zum 16. Jh. in norditalienischen Städten wirkten. Vier Familien ragen als Künstlerdynastien hervor: die Daprile, die Della Scala, die Casella und die Solari. Die ursprünglich romanische, um 1500 erweiterte Pfarrkirche San Giorgio in Carona enthält an den Wänden eingelassene Reliefs aus dem 15. Jh. Die Wandmalereien im Chor von Gian Domenico Pezzi aus Valsolda sind Kopien des Jüngsten Gerichtes von Michelangelo und der Disputa von Raffael (1584).

Unsere Rundwanderung beginnt beim Centro sportivo südlich von Carona. Wir legen etwa 300 m auf der Strasse Richtung Vico Morcote zurück und wählen rechts die Zufahrt zum Restaurant San Grato. Durch den herrlich angelegten botanischen Garten führen zahlreiche Fusswege aufwärts. Vom Restaurant aus folgen wir 100 m dem geteerten Strässchen, von dem wir unterhalb der Villa (rechts auf der Anhöhe) links abzweigen. Durch Gärt-

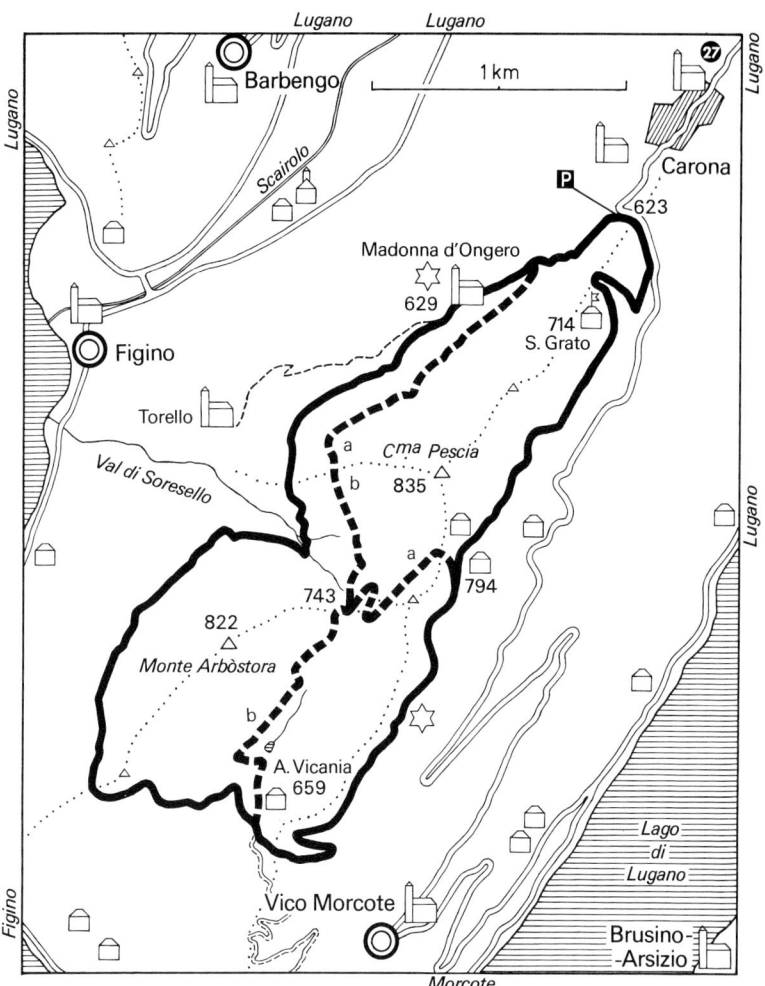

nereianlagen und durch Wald gelangen wir leicht ansteigend zu einer Villen-
siedlung am Osthang. Wir folgen der Strasse aufwärts und wählen am Ende
der Steigung den Waldweg rechts. Bald gelangt man links zu einer Abkürzung (bei Warntafel). Wenn diese verpasst wird, erreicht man auf dem Sattel
südlich der Cima Pescia (Pt. 794) einen grösseren Weg, dem man links abwärts folgt. Den Osthang querend, vermittelt er einen eindrücklichen Tiefblick auf den Luganersee bis zur Bucht von Porto Ceresio.

Nach Betreten der Lichtung der **Alpe Vicania** steigen wir in zwei Kehren abwärts und folgen dem unteren Waldrand. Unterhalb des Alpgebäudes queren wir das von Vico Morcote heraufkommende Strässchen und wandern
gemäss Wegweiser auf dem ebenhin verlaufenden Weg weiter. Bei der folgenden Gabelung halten wir links leicht abwärts und umrunden auf dem
schön angelegten Waldweg die aus Porphyrgestein bestehende Kuppe des
Monte Arbòstora. Später vermittelt unsere Route einige Durchblicke auf das
Delta von Brusimpiano und die See-Enge von Lavena.
Schliesslich gelangen wir zur Wallfahrtskirche **Madonna d'Ongero.** Die in
der 1. Hälfte des 18. Jh. erbaute Barockkirche zeichnet sich durch ihre
reiche, geschmackvolle Innenausstattung aus. Stukkaturen und Bildhauer-
arbeiten stammen von Alessandro Casella. Die vier grossen Fresken an den
Wänden des Schiffes werden Giuseppe Antonio Petrini (1677 in Carona
geboren) zugeschrieben. Der breite Fahrweg bringt uns in kurzer Zeit zum
Centro sportivo bei Carona zurück.

| **Abkürzungen** | a) Sattel Pt. 794 – Pt. 743 – Carona 45 Min. |
| | b) Alpe Vicania – Pt. 743 – Carona 1 Std. |

28   Rovio – Monte S. Agata – Bogo

Kurze Rundwanderung zu einem herrlichen Aussichtspunkt unter den felsigen Abstürzen des Monte Generoso.

Fahrt mit Bahn und Postauto	Lugano – Maroggia-Melano (Bahn),
	Maroggia-Melano – Rovio (Postauto)
Fahrt mit Auto	Lugano – Melide – Melano – Rovio 14 km
Parkplatz	In Rovio bei der Kirche

Route	Höhe in m	Hinweg	Rückweg
Rovio 🚌	498	–	2 Std. 30 Min.
Monte S. Agata	939	1 Std. 20 Min.	1 Std. 30 Min.
Bogo	755	1 Std. 45 Min.	55 Min.
Rovio 🚌	498	2 Std. 30 Min.	–

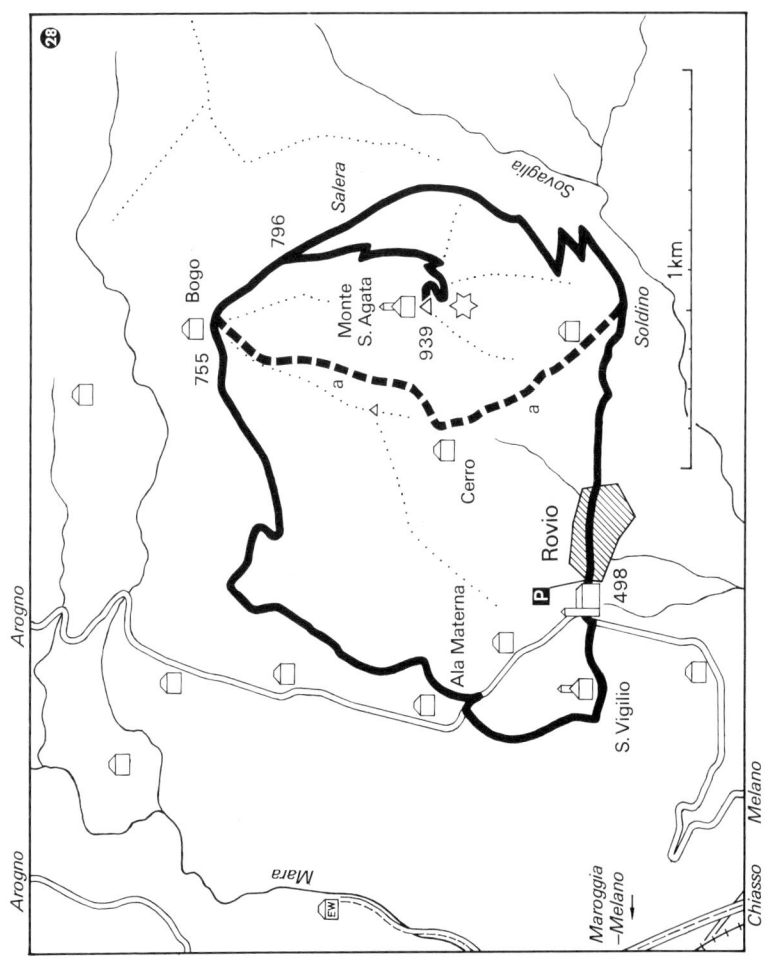

Gräberfunde und die Entdeckung eines Jupiter-Altars weisen auf die frühe Besiedlung von **Rovio** hin. Der Ort war Heimat namhafter Architekten, Bildhauer und Maler, wie der Carloni, Tamagnino und Bagutti. Die barocke Pfarrkirche enthält Stukkaturen aus dem 17. Jh. und einen vorzüglichen Marmoraltar. Mehrere Häuser weisen Fresken und Stuckverzierungen auf. Als Ort der Handlung in Gerhart Hauptmanns Roman ‹Der Ketzer von Soana› fand Rovio Eingang in die deutsche Literatur.

Wir durchqueren auf dem schmalen, mit Kopfsteinpflaster und Platten für den Wagenverkehr belegten Gässchen den in seiner Geschlossenheit noch sehr urtümlich wirkenden Dorfkern und folgen zunächst der Route nach Bellavista–M. Generoso, dessen felsige Westabstürze wir vor Augen haben. Wir verlassen sie bei der Wegkapelle von Soldino und gehen bei der Abzweigung nach Cerro–Bogo geradeaus weiter. Beim Wegweiser-Standort Fabarù wendet sich unsere Route links aufwärts und führt in einigen Kehren zur herrlichen Wiesenmulde von Salera hinauf. Durch das zwischen dem S.-Agata-Hügel und den Felsköpfen des Generoso ansteigende Tälchen gelangen wir zur Lücke bei Pt. 796. Hier zweigt linker Hand (Wegweiser) der schmale Pfad zum **Monte S. Agata** ab.

Bei der schon 1213 erwähnten romanischen Kapelle überrascht uns die schöne Aussicht, vor allem auf den Luganersee und in das Val Mara mit dem Dorf Arogno im Hintergrund.

Zur Lücke zurückgekehrt, steigen wir auf der Nordseite zum Alpgebäude von **Bogo** hinab, wo wir den mit einer Linkskurve beginnenden, abwärts führenden Weg wählen. Er ist in den steileren Partien gepflastert, führt an einem Vita-Parcours vorbei und mündet beim Ferienheim *Ala Materna* in die Strasse. Wir gehen einige Schritte nach rechts, um bei der Kirche Madonna del Carmelo dem geteerten Strässchen links zu folgen, das zum sehenswerten Kirchlein *San Vigilio,* vermutlich aus der 1. Hälfte des 11. Jh., führt. Die Chorapsis enthält romanische Fresken aus dem 13. Jh.: Christus in der Mandorla, Evangelistensymbole, Madonna und Apostel.

Nur noch wenige Gehminuten trennen uns von unserem Ausgangspunkt, dem Kirchplatz von Rovio.

Abkürzung   a) Bogo–Cerro–Rovio 35 Min.

29 Meride–Monte San Giorgio– Crocifisso

Der Rundweg auf den Monte San Giorgio, eine hervorragende Aussichtskanzel zwischen Luganersee und Mendrisiotto, deckt sich weitgehend mit
einem interessanten Naturlehrpfad.

Fahrt mit Bahn und Postauto Lugano–Mendrisio (Bahn),
                                Mendrisio–Meride (Postauto)
Fahrt mit Auto   Lugano–Mendrisio–Rancate–Meride 25 km
Parkplatz   In Meride unterhalb des Dorfes

Route	Höhe in m	Hinweg	Rückweg
Meride 🚃	578	–	3 Std. 10 Min.
Cassina	902	55 Min.	2 Std. 30 Min.
Monte S. Giorgio	1096	1 Std. 30 Min.	2 Std. 10 Min.
Sattel nördlich Pt. 905	870	1 Std. 55 Min.	1 Std. 30 Min.
Cave Boscaccio	698	2 Std. 15 Min.	1 Std.
Crocifisso 🚃	670	2 Std. 35 Min.	40 Min.
Meride 🚃	578	3 Std. 10 Min.	–

Das Dorf **Meride** wird mit Recht als ‹Freiluftmuseum› ländlicher Baukunst
im Mendrisiotto bezeichnet. Von den zahlreichen stattlichen Bürgerhäu-
sern, die durch ihre Portiken, Loggien und idyllischen Innenhöfe auffallen,
sei nur die unter Denkmalschutz stehende Casa Oldelli (Jahrzahl 1607) mit
ihrer Rokokobalustrade erwähnt. In einem kleinen Museum werden verstei-
nerte Fossilien aus den Grabungen am Monte S. Giorgio gezeigt.
Von der Strassenkurve am Dorfeingang halten wir rechts durch die Haupt-
gasse, zweigen nach etwa 50 m (Wegweiser) links ab und steigen zur Kirche
San Silvestro hinauf. Das 1483 erstmals genannte Gotteshaus wurde an
Stelle einer kastellähnlichen Anlage erbaut, von der noch Wappenskulptu-
ren existieren, die am Eingang zum Vorhof eingemauert sind. Das Innere
enthält nebst einer schönen Holzkanzel von 1591 wertvolle barocke Malereien im Chor. Wir betreten nun den Wald, durch den uns der angenehm
schattige, aber grobgepflasterte alte Weg stellenweise recht steil aufwärts
führt.

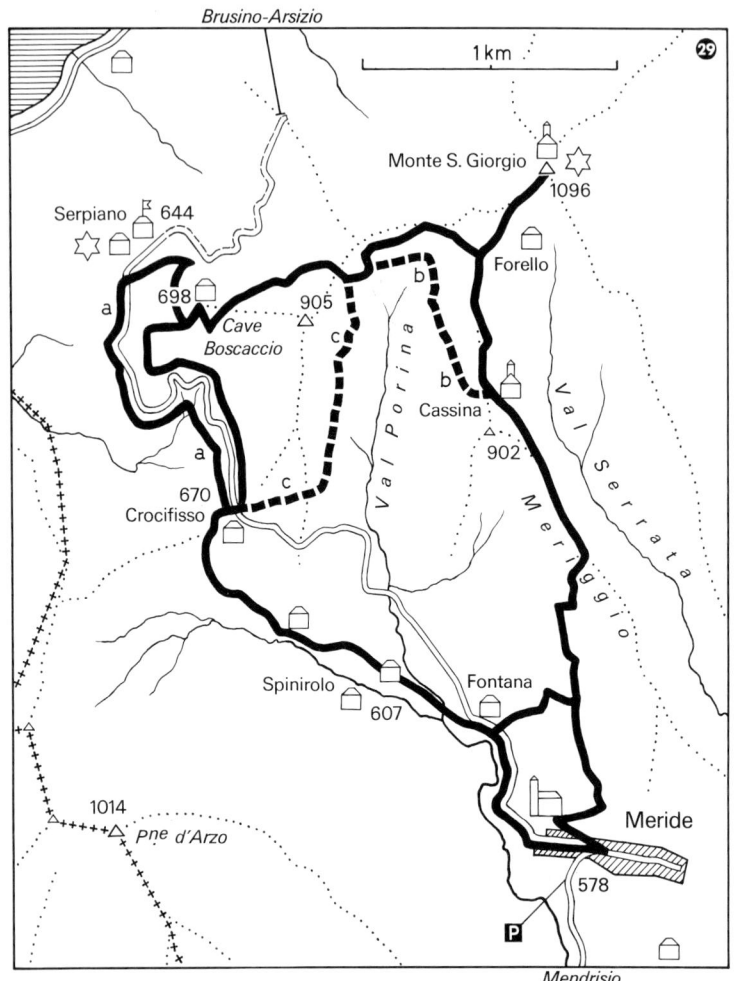

Bald stossen wir auf den bei Fontana (an der Strasse Meride–Serpiano) beginnenden Naturlehrpfad, dem wir auf dem grössten Teil unserer Wanderung folgen werden. An insgesamt 10 Stationen sind Tafeln angebracht, die über Geologie, Vegetation und Fauna ausführlich orientieren.

Auf dem Kamm des Meriggio genannten Ausläufers beginnt ein flacheres, besonders reizvolles Wegstück, das direkt über den Grat verläuft. Bei der

Lichtung *Cassina* finden wir eine willkommene Raststelle, die aus einer Kapelle mit Schutzraum und einigen Tischen und Bänken im Freien besteht. Hier verlassen wir den Naturlehrpfad, der sich am Westhang des Berges ebenhin weiterzieht, und folgen dem nun steiler aufstrebenden Kamm, an einigen gut markierten Abzweigungen vorbei. Beim Betreten der Lichtung vor der Alphütte Forello halten wir links aufwärts über steile Wiesen und erreichen, zuletzt wieder durch Wald, das Kirchlein auf dem Gipfel des **Monte San Giorgio.**
Berühmt wurde der Berg vor allem durch Beato Manfredo Settala, einen Mann aus angesehener Mailänder Familie, der sich hierher als Einsiedler zurückgezogen hatte und 1217 verstarb. Die Aussichtskanzel hinter dem Kirchlein bietet wohl eine herrliche Fernsicht auf die Alpen, eindrücklicher ist jedoch der Tiefblick auf den Luganersee und die umliegenden Dörfer. Auf demselben Weg kehren wir zurück bis zur Abzweigung unterhalb der Lichtung von Forello (Wegweiser). Wir halten rechts abwärts, zweigen bei der Schulter/Pt. 925 links ab und betreten vor dem Sättelchen nördlich von Pt. 905 wieder den Naturlehrpfad, den wir für den Rest unserer Wanderung benützen können. Auf dem nördlich sich erhebenden Rücken der Tre Fontane liegt der ehemalige Steinbruch, in dem das Paläontologische Institut der Universität Zürich Fossilien von Sauriern, Fischen, Wirbellosen und Pflanzen zutage brachte, die im Museum von Meride zu sehen sind. Die schwarzen bituminösen Schichten, in denen sie eingeschlossen waren, wurden eine Zeitlang zur Herstellung eines medizinischen Öles ausgebeutet. – Über das Sättelchen wechseln wir auf den Westhang des Berges hinüber und kommen im weiteren Abstieg an verschütteten Gruben (Cave Boscaccio) vorbei.
Nach der Lichtung bei Pt. 698 wendet sich der gut markierte Lehrpfad in einem Bogen nach Süden und kreuzt bei **Crocifisso** die Strasse Meride–Serpiano. Er dringt gleich wieder in den Wald ein, berührt eine Lichtung und führt schliesslich auf den breiten, offenen Talgrund bei *Spinirolo* hinab. An der alten Ölfabrik vorbei erreichen wir wieder die Strasse nach Meride.

Nebenroute   a) Cave Boscaccio–Serpiano–Crocifisso 35 Min.

Abkürzungen b) Cassina–Sattel nördl. Pt. 905 (Naturlehrpfad) 15 Min.
                 c) Sattel nördl. Pt. 905–Crocifisso 25 Min.

30 Muggio–Roncapiano–Monte Generoso–Bella Vista

Lohnende Bergtour auf den Monte Generoso über die weniger bekannte Seite gegen das Muggiotal. Etwas unterschiedliche Wegverhältnisse.

Fahrt mit Bahn und Postauto Lugano–Mendrisio (Bahn),
                               Mendrisio–Muggio (Postauto)
Fahrt mit Auto   Lugano–Mendrisio–Morbio Superiore–Muggio
                               31 km
Parkplatz   In Muggio gegenüber dem Ristorante Stella

Route	Höhe in m	Hinweg	Rückweg
Muggio	653	–	6 Std. 15 Min.
Roncapiano	957	1 Std. 15 Min.	5 Std. 15 Min.
Monte Generoso	1701	3 Std. 30 Min.	3 Std. 40 Min.
Bella Vista	1221	4 Std. 30 Min.	2 Std. 20 Min.
Muggio	653	6 Std. 15 Min.	–

Muggio, die flächenmässig grösste Gemeinde des Mendrisiotto, brachte berühmte Baumeister, Architekten und Maler hervor, u. a. die Fontana und die Cantoni. Die 1578 erwähnte Kirche S. Lorenzo wurde 1750–1760 von Orazio Fontana aus Brusada, der durch seine Arbeiten am Hradschin in Prag bekannt geworden war, neu erbaut. Besonders malerisch ist der obere Dorfteil mit der bei der Kirche ausmündenden Gasse. Eine Spezialität von Muggio ist der unter den Namen Rabbiole bekannte Ziegenkäse.
Der Wegweiser gegenüber dem Parkplatz leitet uns durch die Dorfgasse zur weiter taleinwärts führenden Strasse. Nach der Rechtskurve zweigen wir links ab (Wegweiser) und gelangen auf einem breiten Weg leicht absteigend zur Breggia, die wir auf einem Brücklein überschreiten. Hier biegt unsere Route zuerst nach Südwesten ab, hält bei einer Gabelung rechts und windet sich, an den Schobern von Lentan und Ronco vorbei, durch den Wald hinauf. Bei der Gabelung auf Kote 810 wenden wir uns, die Markierung beachtend, nach links. Im oberen Teil wird der an sich gute Weg stellenweise vom wuchernden Farnkraut etwas bedrängt. Bald betreten wir offenes Gelände

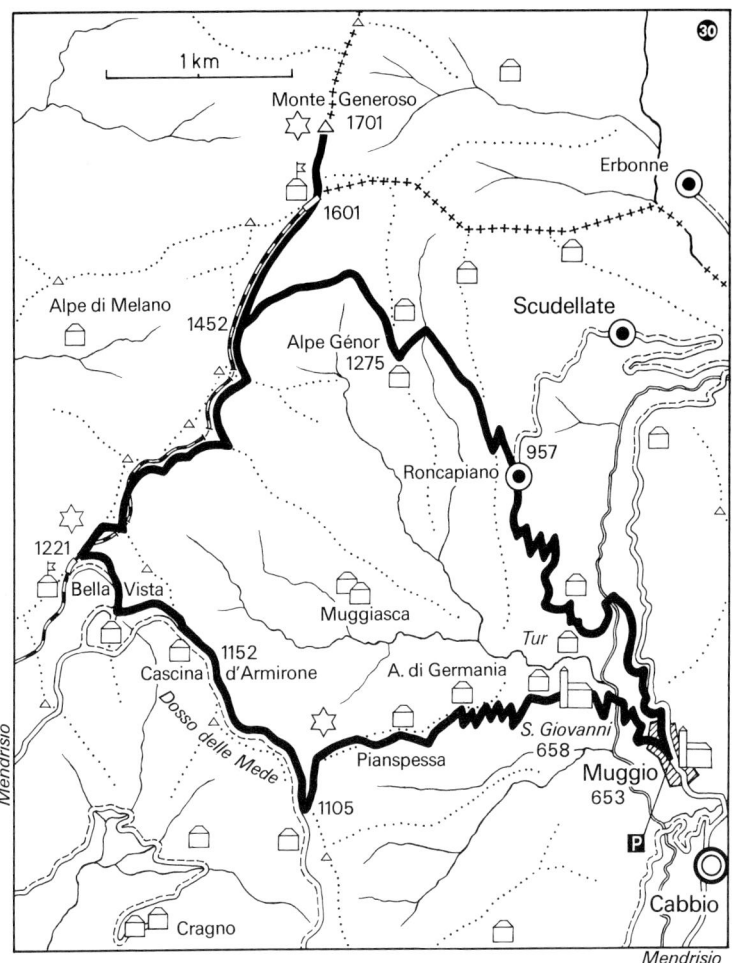

und erreichen das durch ein Strässchen mit Scudellate verbundene Berg-
dörfchen **Roncapiano.**
Etwa 20 m nach der Postauto-Haltestelle gehen wir auf einem gepflasterten
Gässchen einige Schritte aufwärts, halten dann gleich rechts und queren in
den steilen Wiesenhang hinein. In einer weiten Kehre führt der Weg zu
einem Grätchen empor, dem wir zunächst aufwärts folgen. Nachdem wir
knapp 100 m Höhenunterschied überwunden haben, quert unsere Route in

die fast baumlose Südflanke des Monte Generoso und führt durch eine Bachrunse auf die nächste markante Bergrippe, die wir bei der *Alpe Génor* erreichen. Von ihr stammt der Bergname Monte Generoso. Nur ein kurzes Stück folgen wir der Bergrippe aufwärts, traversieren wieder nach links und halten etwa 400 m nach der Bachrunse, bei einer Weggabelung, rechts aufwärts. Bei Pt. 1452 erreichen wir den Hauptgrat des M. Generoso. Unterhalb der Bahnlinie und parallel zu dieser halten wir nun auf die Bergstation, das grosse Berggasthaus und den Gipfel des **Monte Generoso** zu.

Durch seine Lage als einer der südlichsten Ausläufer der Alpen bietet der Monte Generoso eine Rundsicht, die wohl einzigartig ist. Der Blick umfasst nicht nur den Alpenbogen vom Gran Paradiso bis zu den Ostalpen, sondern schweift an ganz klaren Tagen über die lombardische Tiefebene bis zum Apennin. Der aus Liaskalk aufgebaute Berg ist auch durch seine reichhaltige Flora bekannt. Von Capolago her ist er durch eine Zahnradbahn erschlossen. Für den Abstieg benützen wir dieselbe Route bis zum Pt. 1452, verbleiben dann aber auf dem Hauptkamm, um dem überaus bequem angelegten aussichtsreichen Weg zu folgen, der sich zur Station **Bella Vista** senkt. Hier biegen wir scharf nach links ab und begeben uns auf der Strasse zu dem seit längerer Zeit geschlossenen grossen Hotel.

Unmittelbar vor dem Gebäude schlagen wir den links abwärts führenden alten Saumweg ein. Bei der *Cascina d'Armirone* stossen wir auf ein Fahrsträsschen, auf dem wir unsere Wanderung fortsetzen. Den Dosso delle Mede umgehend, gelangen wir nach 1,5 km zur markanten Senke bei Pt. 1105. Wenige Schritte nach der Abzweigung der Strasse nach Muggiasca zweigt auch unser Wanderweg links ab (Wegweiser). Über einen herrlichen, offenen Bergrücken, mit schöner Aussicht über das Muggiotal, steigen wir (entweder auf dem Fussweg, am Vogelfangturm vorbei, oder auf dem Fahrweg) zu den Hütten von *Pianspessa* hinab.

Hier endet der breite Weg, und wir folgen den Tretspuren, die etwas rechts von der Rippe abwärts führen. Bald wird der Weg wieder deutlicher und quert nach links zur *Alpe di Germania*. Er führt oberhalb der grossen und einer kleinen Hütte durch und senkt sich in vielen Kehren durch den bewaldeten Hang. Auch hier ist der gegenwärtig noch gut begehbare Weg durch Farnkraut und allerlei Gestrüpp etwas eingeengt. Bei der Hüttengruppe *Tur* beginnt ein Fahrweg, der uns am Kirchlein San Giovanni (17. Jh.) vorbei zur Breggia hinunter und am jenseitigen Hang wieder nach Muggio hinaufführt.

Anderes Bernhard: Tessin, in: Kunstführer durch die Schweiz, Band 2, Zürich/Wabern
                             1976.
Beerli André: Unbekannte Schweiz, Tessin, Genf 1973.
Bianconi Filippo: Laghi alpini del Ticino, Agno 1969.
Borioli Ermes: Alpi Ticinesi e Mesolcinesi, SAC 1973.
Gschwend Max: Die Bauernhäuser des Kantons Tessin, Basel 1976–1982.
Gutersohn Heinrich: Geographie der Schweiz, Band II, Alpen (Wallis-Tessin-
                             Graubünden), Bern 1961.
Hauswirth Fritz: Burgen und Schlösser der Schweiz, Band 9: Graubünden 2 und
                             Tessin, Kreuzlingen 1973.
Hofmann Arno: Locarno, Tessiner Wanderbuch, Bern 1989.
Hofmann Arno: Gotthardroute, Schweizer Wanderbuch, Bern 1984.
Hofmann Arno: Lugano, Tessiner Wanderbuch, Bern 1988.
Hutterli Kurt: Die Centovalli, Schweizer Heimatbuch, Bern 1972.
Meyer Karl: Blenio und Leventina von Barbarossa bis Heinrich VII. Luzern 1977.
Pfister Max: Sonnenstube Tessin, Zürich 1977.
Pfister Max: Tessin zwischen gestern und morgen, Bern 1972.
Rahn Johann Rudolf: I monumenti artistici del Medio Evo nel Cantone Ticino (Faksimile),
                             Losone 1976.
Ritter Giuseppe: Tessin, Schweizer Wanderbuch 33, Bern 1982.
Ritter Giuseppe: Kreuz und quer durch den Gambarogno, Losone 1975.
Rossi Giulio/Pometta Eligio: Geschichte des Kantons Tessin, Locarno 1980.
Schmid Ernst: Tessiner Kunstführer, Band 1–5, Frauenfeld 1948–1964.
Società agricola valmaggese: Alpi di Valmaggia, Locarno 1971.
Steinmann-Banchini Elsa: Schöner Malcantone, Schweizer Heimatbuch, Bern 1955.
Zoppi Giuseppe: Mein Tessin (Presento il mio Ticino), Locarno 1969.

◁ **Die Kathedrale San
Lorenzo in Lugano.
Im Hintergrund der
Monte Brè.**

Kartenverzeichnis

Die Routen dieses Wanderbuches sind auf den nachstehend aufgeführten Karten zu finden.

Landeskarte der Schweiz

Massstab	Blatt		Routen Nr.
1:50 000	256	Disentis	4, 7
	265	Nufenenpass	5
	266	V. Leventina	2–4, 6, 7, 16, 17
	275	V. d'Antigorio	14, 15, 20
	276	V. Verzasca	1, 8, 9, 12, 13, 18, 19
	277	Roveredo	1
	286	Malcantone	10, 11, 21–28, 30
	296	Chiasso	29, 30
1:25 000	1232	Oberalppass	4
	1233	Greina	7
	1251	Val Bedretto	5
	1252	Ambri-Piotta	3, 4
	1253	Olivone	7
	1272	Campo Tencia	2, 16, 17
	1273	Biasca	6
	1291	Bosco / Gurin	14, 15
	1292	Maggia	13
	1311	Comologno	20
	1312	Locarno	8, 9, 12, 18, 19
	1313	Bellinzona	1
	1314	Passo S. Jorio	1
	1332	Brissago	10, 11
	1333	Tesserete	11, 21–24
	1353	Lugano	21, 25–28, 30
	1373	Mendrisio	29, 30

Wanderkarten

		Routen Nr.
1:60 000	Tessin Nord, Sopraceneri (ETT, K+F)	2–5, 8, 12–18, 20
	Tessin Süd, Sottoceneri (ETT, K+F)	1, 8, 10–12, 18, 21–23, 25–30
1:50 000	Valle Leventina (SAW)	2–4, 16, 17
	Val Verzasca (SAW)	8, 9, 13, 18, 19
	Val Blenio (Ente Turistico Blenio)	6, 7
	Valle Maggia (Ente Turistico, K+F)	8, 14–17, 20
	Tenero e Valle Verzasca (Ente Turistico)	8, 12, 13
1:25 000	Locarno–Ascona, Dintorni e valli (Ente Turistico di Locarno e valli)	8, 9, 18, 19
	Gambarogno (Ente Turistico, K+F)	10, 11
	Malcantone (Ente Turistico)	25
	Valli di Lugano (Ente Turistico)	21–24
	Mendrisiotto (Ente Turistico)	28–30

Alphabetisches Register

Die Zahlen entsprechen den Routennummern dieses Wanderbuches. Die fettgedruckten Ziffern bezeichnen einen ausführlicher beschriebenen Ort.

Verzeichnis der Wanderbücher, Wanderkarten, Velokarten